Ulrike Münch

Kasperl will nicht schlafen

16 lustige Kasperlstücke für einen Spieler
Für Kinder von 2 bis 4 Jahren

Gerne nehmen wir Ihre Anregungen, Wünsche, Kritik oder Fragen entgegen:
Don Bosco Medien GmbH, Sieboldstraße 11, 81669 München
anregungen@donbosco-medien.de
Servicetelefon: (0 89) 4 80 08-341

Aufgepasst und mitgemacht!

ISBN 978-3-7698-1861-1

ISBN 978-3-7698-1842-0

ISBN 978-3-7698-2087-4

Bibliografische Information der Deutschen Nationalbibliothek

Die Deutsche Nationalbibliothek verzeichnet diese Publikation in der Deutschen Nationalbibliografie; detaillierte bibliografische Daten sind im Internet über http://dnb.d-nb.de abrufbar.

5. Auflage 2014 / ISBN 978-3-7698-1856-7
© 2011 Don Bosco Medien GmbH, München
www.donbosco-medien.de
Umschlag: ReclameBüro, München
Illustrationen: Antje Bohnstedt, Bretten-Sprantal
Satz: Don Bosco Kommunikation GmbH, München
Produktion: Don Bosco Druck & Design, Ensdorf

Gedruckt auf umweltfreundlichem Papier

Inhalt

Vorwort

Im Zeitalter von Fernseher, Computer und Spielkonsole entsteht vielleicht der Eindruck, dass das Kasperltheater ein Relikt aus grauer Vorzeit und längst veraltet ist. Aber weit gefehlt!

Wenn Sie schon einmal in die faszinierten Gesichter geblickt haben, die gebannt und konzentriert dem Verlauf des Puppenspiels folgen, und die aufgeregten Rufe der Kinder gehört haben, dann wissen Sie, dass das Kasperltheater die Kinder nach wie vor in seinen Bann zieht.

Denn beim Kasperlspiel reagieren die »Darsteller« auf die Kinder. Die jungen Zuschauer erleben, dass sie auf das Geschehen Einfluss nehmen können. Sie sind nicht mehr nur passive Zuschauer, sondern befinden sich mittendrin im Geschehen. Dies macht das Kasperltheater zu einem ganz besonderen Erlebnis.

Die meisten Kasperlaufführungen sind für Kinder frühestens ab dem Kindergartenalter ausgelegt. Dabei sind die Zwei- bis Dreijährigen von dem Geschehen auf der Bühne ebenso begeistert und fasziniert wie die älteren Kinder. Deshalb liegt nun mit »Kasperl will nicht schlafen« ein Buch vor, das genau auf die Bedürfnisse dieser Altersgruppe zugeschnitten ist: Alle Stücke benötigen nur einen Spieler und die Zahl der auftretenden Puppen ist dem Alter der Zuschauer entsprechend gering.

Die einzelnen Kasperlstücke eignen sich sowohl für die Krippe, den Kindergarten, Eltern-Kind-Gruppen und die Familie, da sie ohne großen Aufwand und Vorbereitung aufgeführt werden können. Die Spielinhalte knüpfen direkt an die Erfahrungswelt (Geburtstag, Freundschaft, Streit usw.) der Zwei- bis Vierjährigen an.

Ich wünsche Ihnen mit »Kasperl will nicht schlafen« viel Spaß beim Vorbereiten, Spielen und Zuschauen!

Ulrike Münch

Einführung

Die Kasperlstücke in diesem Buch sind in der Praxis erprobt und wurden vor den Zwei- bis Vierjährigen erfolgreich aufgeführt.

Um den Gebrauch des Buches zu erleichtern, sind jedem Stück eine kurze Inhaltsangabe sowie Angaben zu den benötigten Puppen, Kulissen, Requisiten und Spielanlässen vorangestellt.

Da Kinder im Alter von zwei bis vier Jahren nur wenig »Sitzfleisch« besitzen, sind die Kasperlestücke extra kurz gehalten (etwa 8 Minuten). Erfahrungsgemäß verwirren zu viele Puppen, die gleichzeitig auf der Bühne sind, die Kinder. Daher wurde bewusst darauf geachtet, die Zahl der auftretenden Puppen pro Stück gering zu halten. Die Kasperlstücke lassen sich mit den Standardpuppen, die allgemein im Handel erhältlich sind, spielen. Sollten Sie beispielsweise andere Tiere besitzen als die angegebenen, so lassen sich diese ohne Probleme einsetzen. Für außergewöhnliche Figuren erhalten Sie bei dem jeweiligen Stück einfache Basteltipps.

Die bei den Stücken angeführten Requisiten und Kulissen sind lediglich als Vorschläge gedacht; inwieweit Sie davon Gebrauch machen, ist Ihnen freigestellt. Generell kann bei den Zwei- bis Vierjährigen auf einen detailreichen Hintergrund verzichtet werden, da sie sich noch sehr auf die Puppen konzentrieren müssen, um der Handlung zu folgen. Außerdem besitzen Kinder genügend Fantasie, um sich Landschaften und Requisiten vorzustellen.

Der Anfang und Schluss der Kasperlstücke sind gleich gehalten, da dies für die Kinder eine gewisse Vertrautheit erzeugt. Natürlich wissen die Kinder spätestens beim dritten Stück, dass mit einem »Hauruck« dem Kasperl beim Aufziehen des Vorhangs geholfen werden kann.

Da die Zahl der auftretenden Puppen pro Stück gering ist, können alle Kasperlstücke im Buch bequem von einem Spieler gespielt werden.

Als Puppenspieler können Sie den Text auswendig lernen. Das bringt aber die Gefahr mit sich, zu sehr am Text zu hängen und nur wenig auf die Kinder einzugehen. Sie können den Text auch aus dem Buch vorlesen, sollten sich aber bewusst sein, dass es störend wirkt, wenn nach den richtigen Textstellen gesucht werden muss. Schließlich ist freies und flüssiges Sprechen bei einer Kasperlaufführung unerlässlich. Deshalb empfiehlt es sich, die Buchseiten vorher zu kopieren und innen an das Puppentheater in Augenhöhe anzuheften; den Text vor Aufführungsbeginn mehrere Male durchzulesen und wichtige Aussagen rot zu markieren. Selbstverständlich können Sie auch jede Rolle mit einer anderen Farbe markieren. So können sie schnell sehen, welche Puppe gerade ihren Auftritt hat und wenn der Blick zwischendurch auf etwas anderes gelenkt war, finden Sie auch die Textstelle schneller wieder. Der Text vom Kasperl könnte z. B. immer blau sein, Seppels gelb, Großmutters Text rosa usw. Die verschiedenen Markierungen sind eine große Erleichterung während des Spiels.

Das Kasperltheater birgt immer Raum für Improvisation, da die jungen Zuschauer individuell auf das Geschehen reagieren. Dies ist auch der Reiz, der das Puppenspiel ausmacht und – im Gegensatz zu Film und Fernsehen – lebendig werden lässt. Die Stellen in den Stücken, an denen Reaktionen von den Kindern zu erwarten sind, sind mit Punkten in einer Klammer gekennzeichnet.

Viel wichtiger als Perfektionismus ist die Freude am Spiel und etwas Fantasie, um auf die Aktionen und Reaktionen der Kinder einzugehen. Dann ist das Kasperltheater für den Puppenspieler genauso schön wie für die Zuschauer.

Zum Umgang mit den Puppen

Die Puppen sollten ...

- eine aufrechte Haltung auf der Bühne haben;
- sich bewegen, wenn sie sprechen;
- wenn eine andere Puppe spricht, ziemlich bewegungslos bleiben (da so die sprechende Puppe leichter von den Kindern erkannt werden kann);
- deutlich und laut sprechen;
- i. d. R. ihren Gesprächspartner anschauen;
- mit sich unterscheidenden Stimmen/Dialekten sprechen, was ihnen zu einem eigenen Charakter verhilft;
- seitlich von der Bühne kommen und gehen (nicht einfach nach unten verschwinden, es sei denn, das Verschwinden nach unten ist Bestandteil der Handlung);
- in die Richtung schauen, in die sie gehen;
- wo es geht, auf die Zwischenrufe der Zuschauer reagieren.

Sprechvorschläge für die Hauptcharaktere

Puppe	Charakter	Stimme
Kasperl	ist mutig, findet immer eine Lösung, ist immer gut gelaunt und hilfsbereit	normale Stimmlage
Seppel	eher der einfältige Typ, lässt lieber Kasperl für sich denken, hat zwei Leidenschaften: Essen und Schlafen; manchmal ist er etwas frech, ist ein sympathischer Angsthase	Bubenstimme oder Dialekt
Großmutter	gutmütig, weise, vornehm	hohe Stimme einer älteren Frau
Hexe	ihr gelingt nicht immer alles so, wie sie es gerne hätte, eher neben der »Hexenspur«	hohe, krächzende Hexenstimme
Räuber	ist zwar ein typischer Räuber, aber so richtig böse ist er nicht, manchmal zeigt er auch Reue	dunkle, rauchige Stimme mit gemeinem Unterton

Das geklaute Geburtstagsgeschenk

Puppen:	Kasperl, Seppel, Räuber
Kulisse:	Küche, anderes Zimmer oder Garten
Requisiten:	ein Geschenk für das Geburtstagskind, mehrere Luft-ballons, Luftschlangen, Konfetti (es müssen nicht alle Gegenstände vorhanden sein)
Inhalt:	Ein Kind unter den Zuschauern hat Geburtstag. Es bekommt ein Geburtstagsständchen von den anderen Kindern gesungen und soll auch ein Geschenk erhalten, das wurde aber vom Räuber gestohlen. Kasperl und Seppel wollen das Geschenk zurückerobern, aber der Räuber zeigt sich reumütig und bringt es von selbst zurück, worauf er sogar zur Geburtstagsfeier eingeladen wird.
Anlass:	Geburtstag

Kasperl kommt zwischen dem noch zugezogenen Vorhang hervor.

Kasperl: »Tritratrallala, tritratrallala, der Kasperl, der ist wieder da. Kinder, seid ihr auch alle da? (...) Na, das ist ja wunderbar. So, da will ich doch mal den Vorhang zur Seite schieben, damit ihr besser sehen könnt. *(Kasperl probiert es, aber schafft es nicht, den Vorhang wegzuschieben.)* Oh, geht das aber schwer. Alleine schaffe ich das nicht. Ich glaube, ich

brauche Hilfe. Aber wer könnte mir denn dabei helfen? Kinder, helft ihr mir, den Vorhang zur Seite zu schieben? (…) Dann sagt einfach ›Hauruck‹. *(Kasperl zieht mit den Haurucks der Kinder den Vorhang auf.)* Danke für eure Hilfe, Kinder.

Kinder, heute ist ja ein ganz besonderer Tag. Die/der *(Name des Geburtstagskindes)* hat heute Geburtstag. Herzlichen Glückwunsch!«

Seppel: »Kasperl, Kasperl, habe ich da etwas von ›Geburtstag‹ gehört? Juchhu, Geburtstag. Ich liebe Geburtstage. Wer hat denn Geburtstag?«

Kasperl: »Die/der *(Name des Geburtstagskindes)*.«

Seppel: »Toll. Alles Gute zum Geburtstag wünsche ich dir. *(stutzt)* Du, Kasperl.«

Kasperl: »Was ist denn, Seppel?«

Seppel: »Einfach nur gratulieren reicht nicht. Da muss noch ein Geburtstagsständchen her.«

Kasperl: »Ja, Seppel, unbedingt. Kinder, kennt ihr vielleicht ein schönes Geburtstagslied, das wir der/dem *(Name des Geburtstagskindes)* singen können? (…) Sehr schön. Dann singen wir mal alle gemeinsam.« *(Kinder singen Geburtstagsständchen.)*

Seppel: »Hey, ihr könnt ja tolle Lieder und ganz super singen. Aber Kasperl, zum Geburtstag gehört doch auch eine Geburtstagsfeier.«

Kasperl: »Ja, da hast du recht.«

Seppel: »Dann müssen wir hier erst einmal für Geburtstagsstimmung sorgen.« *(geht ab)*

Kasperl (ruft Seppel hinterher): »Wo gehst du denn hin?«

Seppel (kommt mit aufgeblasenem Luftballon zurück): »Ich habe dir doch gesagt, dass wir für Geburtstagsstimmung sorgen müssen. Hilf mir mal, den Rest hereinzuholen.«

Kasperl und Seppel bringen noch mehr Luftballons herein. Diese können an die Bühne gehängt oder einfach nur ins Publikum geworfen werden. Auch Luftschlangen oder Konfetti, je nach Belieben.

Seppel: »Das gefällt mir. Aber etwas Wichtiges fehlt noch.«

Kasperl: »Und was wäre das?«

Seppel: »Das Geburtstagsgeschenk!«

Kasperl: »Aber natürlich. Das Geburtstagsgeschenk! Ich habe es hier hinten in die Ecke gestellt.«

Seppel sucht in einer Ecke der Bühne nach dem Geschenk.

Seppel: »Da ist aber kein Geschenk.«

Kasperl: »Das gibt's doch nicht. (*Kasperl überzeugt sich selbst vom Fehlen des Geschenks.)* Tatsächlich. Das Geschenk ist weg!«

Seppel: »Das hat bestimmt der Räuber geklaut.«

Kasperl: »Ja, der war es ganz sicher.«

Seppel: »Dann nehmen wir es dem Räuber einfach wieder ab.«

Kasperl: »Ja, das machen wir. Ich habe auch schon eine Idee, wie. Wir warten hier einfach bis er wieder vorbei kommt und dann schnappen wir ihn uns.«

Seppel: »Genauso machen wir es.«

Kasperl: »Wir müssen uns aber noch verstecken, damit der Räuber uns nicht sieht.«

Seppel: »Ah, verstecken, das kann ich gut. Ich bin der beste Versteckspieler der Welt.«

Kasperl: »Na, dann versteck dich mal.«

Seppel versteckt sich am Rande der Bühne, so dass er von den Kindern noch gesehen werden kann.

Seppel: »Und? Bin ich gut versteckt?«

Kasperl: »Kinder, ihr seht doch den Seppel noch, oder? (...) Seppel, du bist überhaupt nicht gut versteckt.«

Seppel: »Waaas?«

Kasperl: »Du musst dich besser verstecken.«

Seppel: »Also gut. *(Seppel versteckt sich auf der anderen Seite der Bühne, so dass die Kinder ihn noch sehen.)* Und jetzt?«

Kasperl: »Kinder, ihr seht den Seppel doch immer noch, oder? (...) Seppel, die Kinder sehen dich noch.«

Seppel: »Also so was! Aber jetzt! *(Seppel bückt sich so, dass nur noch sein Hinterteil für die Kinder sichtbar ist.)* Das ist jetzt aber der Superversteckspieler.«

Kasperl: »Von wegen. Wir können deinen dicken Popo noch sehen.«

Seppel (entrüstet): »Wie bitte? Dicker Popo?! Ich habe überhaupt keinen dicken Popo!«

Kasperl: »Auf jeden Fall sehen wir deinen Popo noch. Der muss weiter runter.«

Seppel rutscht minimal nach unten.

Seppel: »Ist es jetzt besser?«

Kasperl: »Dein Popo muss noch weiter runter. *(Kasperl drückt Seppels Popo ein paar Mal nach*

unten, Seppels Hinterteil schnellt aber immer wieder hoch.) Runter mit dem dicken Teil!«

Seppel (nicht mehr sichtbar): »Hey!«

Kasperl: »So, und jetzt muss ich mich noch verstecken. Kinder, wenn der Räuber kommt, dann ruft ihr mich ganz laut, damit ich ihn fangen kann. Ja? Helft ihr mir? (...) Danke.«

Kasperl versteckt sich. Der Räuber kommt mit dem Geschenk auf die Bühne und schaut sich um.

Räuber: »Glück gehabt. Keiner da.«

Kinder rufen und Kasperl schnappt sich den Räuber.

Kasperl: »Das ist das Geschenk. Gib es sofort her. Das ist das Geschenk für die/ den *(Name des Geburtstagskindes)*.«

Räuber: »Ist ja gut, ist ja gut. Ich bin ja nur gekommen, weil ich das gestohlene Geschenk wieder zurückbringen wollte. Ich habe mir nämlich vorgenommen ein ehrlicher Mensch zu werden und kein Räuber mehr zu sein.«

Kasperl: »Das hört sich aber gut an. Meinst du das auch ehrlich?«

Räuber: »Ja, wirklich, ich versprech's. Hier ist das Geschenk, das ich vorhin genommen habe.«

Räuber stellt das Geschenk auf die Bühne.

Kasperl: »Danke. Wenn du ein ehrlicher Mensch werden möchtest, dann darfst du auch den Geburtstag mitfeiern.«

Räuber: »Hey, das finde ich ja toll. Ich wollte schon immer mal auf einen Geburtstag eingeladen werden.«

Kasperl: »Ja, geh ruhig schon mal vor.«

Räuber: »Gut, mache ich.« *(geht ab)*

Kasperl: »Wo ist denn der Seppel?«

Seppel (guckt nur mit der Nasenspitze über den Bühnenrand): »Hier bin ich. In meinem Versteck.«

Kasperl: »Du kannst jetzt rauskommen. Das mit dem Räuber habe ich geklärt.«

Seppel krabbelt aus seinem Versteck.

Seppel: »Bin ich auch zum Geburtstag eingeladen?«

Kasperl: »Aber natürlich. Vorher bekommt aber die/der *(Name des Geburtstagkindes)* noch ihr/sein Geschenk. *(Kasperl überreicht das Geschenk dem Geburtstagskind.)* Hier, liebe/r *(Name des Geburtstagkindes)*, hier ist dein Geburtstagsgeschenk.«

Seppel: »Jetzt können wir endlich Geburtstag feiern. Ach, ich freue mich schon.«

Kasperl: »Ich mich auch. Auf geht's, Seppel, wir feiern Geburtstag. Liebe Kinder, der Kasperl ist nun zu Ende, und wenn es euch gefallen hat, dann klatscht in die Hände.«

Der Bär kann nicht mehr tanzen

Puppen:	Kasperl, Zauberer, Bär (wenn keine Bärenpuppe vorhanden ist, kann auch ein anderes Tier zum »Tanzlöwen«, »Tanztiger«, »Tanzhund« etc. umfunktioniert werden)
Kulisse:	Stadt oder Wald
Requisiten:	keine
Inhalt:	Kasperl trifft auf einen Bär. Nach anfänglichem Schrecken, findet er heraus, dass es sich um einen traurigen Tanzbären handelt, der nicht mehr tanzen kann. Kasperl versucht mit Hilfe der Kinder, dem Bären das Tanzen wieder beizubringen. Am Ende verhilft eine zufällig gesummte Melodie dem Bären wieder zum Tanzen.
Anlass:	Tanzen und Singen

Kasperl kommt zwischen dem noch zugezogenen Vorhang hervor.

Kasperl: »Tritratrallala, tritratrallala, der Kasperl, der ist wieder da. Kinder, seid ihr auch alle da? (...) Na, das ist ja wunderbar. So, da will ich doch mal den Vorhang zur Seite schieben, damit ihr besser sehen könnt. *(Kasperl probiert es, aber schafft es nicht, den Vorhang wegzuschieben.)* Oh, geht das aber schwer. Alleine schaffe ich das nicht. Ich glaube ich brauche Hilfe. Aber wer könnte mir denn dabei helfen? Kinder, helft ihr

mir, den Vorhang zur Seite zu schieben? (…) Dann sagt einfach ›Hauruck‹. *(Kasperl zieht mit gemeinsamen Haurucks den Vorhang auf.)* Danke für eure Hilfe, Kinder.«

Aus dem Hintergrund hört man den Bär weinen.

Kasperl: »Kinder, hört ihr das auch? Was ist das denn? Das hört sich doch wie Weinen an, oder? Weint jemand von euch? *(ruft)* Hallo, wer weint denn da?«

Bär (aus dem Hintergrund): »Ich.«

Kasperl: »Wer ist denn ›Ich‹? Kinder, könnt ihr jemanden sehen? (…) Ich auch nicht. Hallo, wir können dich nicht finden. Komm doch bitte zu uns, damit wir dich sehen können.«

Bär: »Hier bin ich.«

Kasperl: »Hilfeeee, ein Bär.« *(Kasperl rennt weg und versteckt sich zitternd hinter dem Vorhang, so dass die Kinder ihn gerade noch sehen können.)*

Bär (weint laut auf): »Huuuuu …«

Kasperl: »Kinder, das ist ein Bär und Bären sind Raubtiere! Ich bleibe vorsichtshalber mal in Deckung.«

Bär (weint noch lauter): »Huuuuu …«

Kasperl: »Aber leid tut er mir doch, der arme heulende Kerl. Er scheint ja ziemlich traurig zu sein. Meint ihr, der Bär ist gefährlich? (…) Nein? Und wenn doch? Wir könnten ihn ja mal fragen. Du, Bär, bist du gefährlich?«

Bär (mit verweinter Stimme): »Nein, ich bin nicht gefährlich. Ich bin nur ein armer alter trauriger Tanzbär.«

Kasperl: »Ein Tanzbär?«

Bär: »Ja, deswegen bin ich ja so traurig.«

Kasperl: »Hmmm, dann kann ich mich ja mal näher an dich heranwagen. *(Kommt aus seiner Deckung hervor.)* Möchtest du den Kindern und mir erzählen, warum du so traurig bist?«

Bär: »Ich bin ein Tanzbär, weil ich es liebe zu tanzen. Aber heute Morgen bin ich aufgewacht und konnte einfach nicht mehr tanzen. Nicht einen Tanzschritt habe ich mehr machen können.«

Kasperl: »Ich kann dir ja etwas vortanzen. Dann erinnerst du dich vielleicht wieder daran, wie man tanzt.«

Bär: »Ach ja, das wäre schön.«

Kasperl: »Gut, dann schau genau zu. *(tanzt)* So, und jetzt versuch's.«

Bär: »Ich schaffe es nicht. *(weint wieder)* Ich habe dir doch gesagt, ich kann nicht mehr tanzen.«

Kasperl: »Na ja, ich gebe ja zu, dass ich nicht gerade der beste Vortänzer bin. Vielleicht war mein Vortanzen einfach nicht gut genug. Ich glaube, die Kinder können viel besser tanzen als ich. Kinder, würdet ihr dem Bären etwas vortanzen? (…) Das ist ja lieb von euch. Los geht's. *(Kinder tanzen eine Weile)* Das müsste genügen. Danke, Kinder. Ihr könnt euch wieder setzen. Jetzt ist der Bär dran.«

Bär: »Es geht immer noch nicht. Ich werde nieeeee mehr tanzen können.« *(weint heftig)*

Kasperl: »Beruhige dich erst mal wieder. Uns wird schon noch etwas einfallen.«

Bär: »Und was?«

Kasperl: »Ich könnte dich zum Beispiel an die Hand nehmen und wir tanzen gemeinsam.«

Kasperl möchte mit Bär tanzen, aber es klappt nicht.

Bär: »Ich bin verloren.«

Kasperl: »Bist du nicht. Wir können immer noch den Zauberer holen. Vielleicht kann der deine Tanzkünste mit einem Zauberspruch zurückbringen. Kinder, ich gehe gleich mal los und hole den Zauberer.«

Kasperl geht ab, Zauberer tritt auf.

Bär: »Ich wollte, ich könnte so schön tanzen wie ihr.«

Zauberer: »Hallo, Kinder, der Kasperl hat gesagt, hier würde meine Hilfe gebraucht. Stimmt das? (...) Ah, so ist das. Der Bär braucht einen Zauberspruch, der ihm hilft wieder zu tanzen. Da habt ihr ja Glück, dass ich, der größte und beste Zauberer aller Zeiten, gerade im Land bin. Mir fällt auch schon ein passender Zauberspruch ein. Flöhe, Schnaken, Wanzen, die helfen dir beim Tanzen. *(Zauberer hüpft wie wild auf der Bühne herum.)* Hilfe, das war der falsche Zauber-

spruch. Ich brauche schnell einen Gegenzauber. Eins, zwei, drei, mit dem Zauber ist's vorbei. *(Zauberer beruhigt sich wieder.)* Puh, jetzt bin ich ja ganz außer Atem.«

Bär: »Das war ja lustig. Ich kann zwar noch nicht tanzen, aber wenigstens hatte ich etwas zu lachen.«

Zauberer: »Du lachst mich aus? Mich, den größten und besten Zauberer aller Zeiten!«

Bär: »Wenn du der größte und mächtigste Zauberer aller Zeiten sein sollst, da muss ich aber wirklich lachen.«

Zauberer: »Ich lasse mich doch hier nicht verspotten. Sieh selbst zu, wie du wieder tanzen lernst. Ich helfe dir jedenfalls nicht dabei.« *(geht ab)*

Bär: »Der ist aber schnell beleidigt. Nur, weil wir ein wenig gelacht haben. Ich muss schon sagen, dieser Zauberer versteht überhaupt keinen Spaß.«

Kasperl tritt auf.

Kasperl: »War der Zauberer schon da? Und? Kann der Bär jetzt wieder tanzen? (…) Hmm, dann müssen wir uns etwas Neues einfallen lassen. La, la, la. *(Kasperl summt eine Melodie vor sich hin. Der Bär beginnt etwas zu zucken.)* Was ist denn mit dir?«

Bär: »Ich weiß es nicht genau. Es fühlt sich jedenfalls gut an. Hör nicht auf zu summen.«

Kasper summt weiter; Bär zuckt wieder.

Kasperl: »Kinder, ich glaube, dem Bär fehlt einfach die Musik. Deswegen kann er nicht tanzen. Kinder, kennt ihr vielleicht ein schönes Lied? (…) Lasst es uns singen.« *(Kinder singen zusammen mit Kasperl ein Lied.)*

Bär (beginnt zu zucken und zu tanzen): »Das fühlt sich gut an. Ich kann wieder tanzen. Mir hat nur die Musik gefehlt.«

Kasperl: »Kinder, ihr habt dem Bär das Tanzen zurückgebracht. Ihr seid ja super.«

Bär: »Ja, das seid ihr, Kinder. Vielen, vielen Dank. Ihr habt mich ja soooo glücklich gemacht. Endlich kann ich wieder tanzen.« *(Bär geht tanzend von der Bühne ab.)*

Kasperl: »Tja, liebe Kinder, dann ist unser Bär wieder glücklich und der Kasperl ist zu Ende, und wenn es euch gefallen hat, dann klatscht in die Hände.«

Die verlorenen Ostereier

Puppen:	Kasperl, Großmutter
Kulisse:	Wald oder Wiese
Requisiten:	Korb, der an der Bühne befestigt ist, mehrere verschiedenfarbige Ostereier, ein Stock
Inhalt:	Kasperl findet bei einem Spaziergang viele bunte Eier. Zum Glück sammelt er sie auf und kann sie dem Osterhasen zurückgeben, der weinend über den Verlust der Eier bei der Großmutter sitzt.
Anlass:	Ostern

Kasperl kommt zwischen dem noch zugezogenen Vorhang hervor.

Kasperl: »Tritratrallala, tritratrallala, der Kasperl, der ist wieder da. Kinder, seid ihr auch alle da? (…) Na, das ist ja wunderbar. So, da will ich doch mal den Vorhang zur Seite schieben, damit ihr besser sehen könnt. *(Kasperl probiert es, aber schafft es nicht, den Vorhang wegzuschieben.)* Oh, geht das aber schwer. Alleine schaffe ich das nicht. Ich glaube ich brauche Hilfe. Aber wer könnte mir denn dabei helfen? Kinder, helft ihr mir, den Vorhang zur Seite zu schieben? (…) Dann sagt einfach ›Hauruck‹. *(Kasperl zieht mit gemeinsamen Haurucks den Vorhang auf.)* Danke für eure Hilfe, Kinder.
Ach Kinder, ist das ein wunderschöner Frühlingstag, viel zu schade, um nur in meinem Zimmer herumzuhocken. Was könnte ich denn

tun, um das schöne Wetter zu genießen? Habt ihr eine Idee? *(Wenn Vorschläge von den Kindern kommen, findet Kasperl sie gut, aber überlegt weiter, was er noch tun könnte, es sei denn, die Kinder schlagen Spazierengehen vor, dann greift er diesen Vorschlag gleich auf.)* Spazierengehen, das ist eine gute Idee! *(Alternativ: Ich hab's, ich gehe einfach ein bisschen spazieren.)* Ja, das mache ich. Warum bin ich denn darauf nicht gleich gekommen? Kinder, wart ihr auch schon einmal spazieren? (…) Und? Hat es euch gefallen? (…) Also, wer von euch noch niemals spazieren war, der sollte es seinen Eltern doch einmal vorschlagen. So, aber nun habe ich genug herumgestanden. Los geht's mit meinem Spaziergang. *(Kasperl geht die Bühne entlang und entdeckt etwas auf dem Boden.)* Hoppla, was liegt denn da? Kinder, da liegt etwas Rotes im Gras. Könnt ihr das von dort unten sehen? (…) Nein? Dachte ich mir's fast. Soll ich das rote Ding für euch aufheben, damit ihr es auch sehen könnt? (…) Gut, dann mache ich das mal. *(Kasperl bückt sich, zögert und steht wieder aufrecht, ohne etwas aufgehoben zu haben.)* Äh, Kinder, vielleicht ist das ja etwas Gefährliches. Ich hole mir lieber mal einen Stock und tippe es von Weitem an. *(Kasperl geht ab und kommt mit Stock zurück.)* So, da bin ich wieder. Achtung! Ich tippe das rote Ding mal ganz vorsichtig an. *(Kasperl tippt an und nichts passiert.)* Hmm, es rührt sich nicht. Soll ich es doch wagen und das rote Ding aufheben? (…) Ich mach's einfach. *(Kasperl hebt ein rotes Osterei auf.)* Was ist das denn? (…) Ein Osterei? Aber Ostern ist doch erst in … *(Zeitangabe je nachdem, wann Ostern ist, einsetzen.)* Was macht denn ein Osterei hier im Gras, wenn es noch nicht Ostern ist? Wisst ihr was? Ich lege das Osterei mal hier in den Korb hinein. *(Kasperl legt das Osterei in den Korb.)* So, und nun gehe ich erst einmal weiter spazieren. Hoppla, was ist denn hier schon wieder? Kinder, da liegt ja noch etwas im Gras. Dieses Mal etwas Blaues. Das sieht doch genauso aus wie das rote Osterei, nur dass dieses hier blau ist. *(Kasperl bückt sich und hebt das Ei auf.)* Seht ihr das? Noch

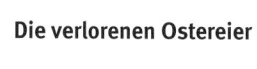

ein Osterei. Das lege ich zu dem Roten in den Korb. *(Kasperl legt das Osterei in den Korb.)* Jetzt bin ich aber neugierig. Ob hier noch mehr Ostereier herumliegen? Tatsächlich, hier liegt noch eins. Ab mit dir in den Korb. Und hier und hier ...« *(Kasperl sucht und findet noch einige bunte Ostereier mehr und legt sie alle in den Korb.)*

Großmutter: »Kasperl, Kasperl, da bist du ja. Ich habe dich schon überall gesucht.«

Kasperl: »Warum denn, Großmutter?«

Großmutter: »Kasperl, stell dir mal vor, der Osterhase sitzt bei mir zuhause und weint.«

Kasperl: »Habt ihr das gehört, Kinder? (...) Der Osterhase weint. Großmutter, hat der Osterhase sich weh getan, weil er weint?«

Großmutter: »Nein, Kasperl.«

Kasperl: »Ist ihm vielleicht jemand auf seine langen Ohren getreten?«

Großmutter: »Aber nein, Kasperl.«

Kasperl: »Kinder, wisst ihr, warum der Osterhase weint? (...) Großmutter, die Kinder und ich haben keine Idee, warum der Osterhase weint. Weißt du es vielleicht?«

Großmutter: »Ja, Kasperl.«

Kasperl: »Dann verrate es uns doch bitte.«

Großmutter: »Es ist doch bald Ostern, und der Osterhase legt an Ostern den Kindern jedes Jahr bunte Eier in die Osternester. Jetzt ist der Osterhase so traurig und weint, weil er dieses Jahr keine Ostereier für die Osternester hat. Er hat alle seine Ostereier verloren.«

Kasperl: »Der Osterhase hat seine Ostereier verloren? Kinder, da können wir dem Osterhasen doch helfen. Was haben wir denn vorhin im Gras gefunden? (...) Ostereier, genau. Das sind bestimmt die verlorenen Ostereier vom Osterhasen. Großmutter, der Osterhase braucht nicht mehr traurig zu sein. Die Kinder und ich haben ganz viele bunte Ostereier im Gras gefunden. Sie sind alle in dem Korb dort drüben. Den bringst du jetzt dem Osterhasen, dann kann er sie alle an Ostern in die Nester der Kinder verteilen.«

Großmutter: »Ei, Kasperl, das ist ja wunderbar. Da wird der Osterhase aber wieder glücklich sein. Vielen Dank, dass du und die Kinder die ganzen Eier eingesammelt habt. Ich bringe sie gleich zum Osterhasen.« *(Großmutter geht mit Ostereierkorb ab.)*

Kasperl: »Nur gut, dass wir die Eier gefunden haben und der Osterhase wieder glücklich ist. Jetzt kann ich beruhigt meinen Spaziergang fertig machen und mich von euch verabschieden, denn ... liebe Kinder, der Kasperl ist jetzt zu Ende, und wenn es euch gefallen hat, dann klatscht in die Hände.«

Die fette Raupe

Puppen:	Kasperl, Großmutter, Seppel, Raupe, Kokon, Schmetterling
Kulisse:	Wald oder Garten, Blätter und/oder Krepppapierblumen (mit Klebeband oder Reißnägeln an der Bühne befestigen), Grünzeug (grünes zerknülltes Papier, das an der Bühne befestigt ist)
Requisiten:	Blumen, Blätter
Basteltipp:	*Raupe:* kann aus einem Strumpf gebastelt werden; Augen aufnähen/aufkleben; Fressbewegung der Raupe mit der Hand imitieren
	Kokon: einen z. B. weißen Strumpf mit Papier ausstopfen
	Schmetterling: kann aus Tonkarton ausgeschnitten werden (zwei Flügel und Rumpf); durch die Unterseite des Rumpfes einen Faden oder Gummi ziehen, auf diese Weise kann der Schmetterling am Mittelfinger befestigt werden; die restlichen Finger stellen die Beine des Schmetterlings dar; ist ein Fingerhandschuh greifbar, kann dieser zusätzlich übergezogen werden
Inhalt:	Ein fettes Etwas frisst sich zu Kasperls Entsetzen durch Großmutters Garten. Als Kasperl dem Geschehen Einhalt gebieten will, hat die Raupe sich bereits verpuppt, und Kasperl ist ganz überrascht, als ein schöner Schmetterling dem Kokon entschlüpft und sich als die ehemals gefräßige Raupe vorstellt.
Anlass:	Entstehung eines Schmetterlings

Kasperl kommt zwischen dem noch zugezogenen Vorhang hervor.

Kasperl: »Tritratrallala, tritratrallala, der Kasperl, der ist wieder da. Kinder, seid ihr auch alle da? (...) Na, das ist ja wunderbar. So, da will ich doch mal den Vorhang zur Seite schieben, damit ihr besser sehen könnt. *(Kasperl probiert es, aber schafft es nicht, den Vorhang wegzuschieben.)* Oh, geht das aber schwer. Alleine schaffe ich das nicht. Ich glaube ich brauche Hilfe. Aber wer könnte mir denn dabei helfen? Kinder, helft ihr mir, den Vorhang zur Seite zu schieben? (...) Dann sagt einfach ›Hauruck‹. *(Kasperl zieht mit gemeinsamen Haurucks den Vorhang auf.)* Danke für eure Hilfe, Kinder.

Das gibt's doch nicht. Hier ist ja schon wieder alles leer gefressen. Wer macht denn so etwas? Kinder, seit Tagen werden hier in Großmutters Garten Blätter, Salat, Blumen, einfach alles von irgendwem angefressen. Einfach so. Das muss ich sofort der Großmutter erzählen.«
(geht ab)

Fette Raupe kommt auf die Bühne und frisst sich schmatzend und mit aller Ruhe durchs Grünzeug und verschwindet wieder. Kasperl und Großmutter kommen auf die Bühne.

Kasperl: »Sieh nur Großmutter! Deine schönen Pflanzen sind alle abgefressen.«

Großmutter: »Also so etwas, also so etwas. Meine schönen Pflanzen.«

Kasperl: »Kinder, habt ihr gesehen wer oder was das war? *(Wahrscheinlich wissen die Kinder nicht, dass es eine Raupe war, daher einfach darauf eingehen, was immer die Kinder sagen.)* Das hört sich ja seltsam an. Kinder, wenn ihr wieder dieses Ding seht, dann ruft mich bitte. Komm, Großmutter, ich begleite dich ins Haus.«

Kasperl und Großmutter gehen ab. Die fette Raupe kommt wieder auf die Bühne und frisst sich schmatzend und mit aller Ruhe weiter durchs Grünzeug. Wahrscheinlich rufen hier die Kinder nach Kasperl, falls nicht, kann das Spiel trotzdem normal weiter gehen.

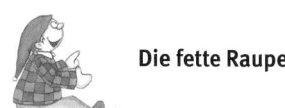
Kasperl: »Was ist denn hier los? Das ist ja ein Riesenmonster.«

Raupe (schmatzend): »Von wegen Riesenmonster. Ich bin eine ganz normale
Raupe.«

Kasperl: »Eine Raupe? Und was machst du hier in Großmutters Garten?«

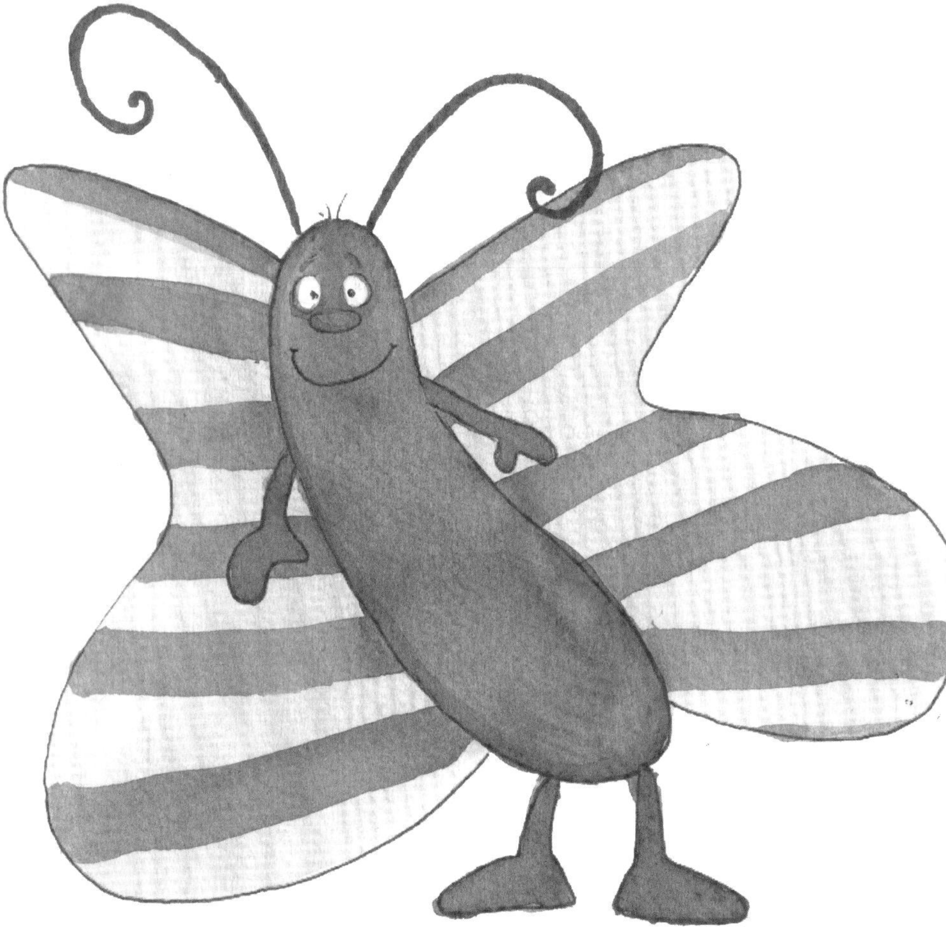

Raupe: »Ich esse zu Mittag.«

Kasperl: »Mittagessen nennst du das? Kinder, die Raupe frisst ja zu einem Mittagessen so viel, wie wir alle zusammen in einer Woche. Das ist doch nicht normal.«

Raupe: »Doch! Für uns Raupen ist das ganz normal.«

Kasperl: »Aber du kannst doch nicht den ganzen Garten von der Großmutter leer fressen.«

Raupe: »Es schmeckt mir halt so gut bei der Großmutter. Sie hat die besten Pflanzen weit und breit.«

Kasperl: »Das erzähle ich gleich mal der Großmutter. Das gibt's doch nicht. *(ruft)* Großmutter!« *(geht ab)*

Raupe: »Ich weiß gar nicht warum der Zipfelmützentyp sich so aufregt. Kinder, wer ist das überhaupt? (...) Na, ist ja auch egal. Kinder, ich glaube, ich habe jetzt genug gefressen. Es wird Zeit, dass ich mich verpuppe. Kinder, ihr könnt ruhig sitzen bleiben. Der Vorhang geht gleich wieder auf.«

Raupe dreht sich ein wenig hin und her und verschwindet nach unten von der Bühne. Vorhang geht zu, Kokon wird an der Bühne befestigt, Vorhang geht auf.

Kasperl (aus dem Hintergrund): »Großmutter, das musst du dir anschauen!«

Kasperl und Großmutter kommen auf die Bühne.

Großmutter: »Na, Kasperl, wo ist denn nun das Riesenmonster?«

Kasperl: »Wo ist die Raupe hin? Kinder, wisst ihr, wo die Raupe ist?« *(Wahrscheinlich wissen die Kinder nicht, dass die Raupe sich in dem Kokon verpuppt hat, falls doch, Komplimente an das Wissen der Kinder einfügen.)* »Das gibt's doch nicht. Erst frisst diese fette Raupe deinen Garten leer, Großmutter, und dann verschwindet sie einfach ohne sich zu entschuldigen.«

Großmutter: »Dann bleibt mir wohl nichts anderes übrig, als neue Pflanzen einzukaufen. Ich gehe mal in die Gärtnerei.« *(geht ab)*

Kasperl: »Und ich halte hier Wache. Vielleicht kommt dieses verfressene Vieh doch noch einmal zurück und dann bekommt es aber etwas von mir zu hören! *(Kasperl hält Wache mit dem Rücken zum Kokon; der Kokon bewegt sich.)* Kinder, da hat doch etwas geraschelt? *(Kokon bewegt sich stärker, Kasperl sieht es nicht.)* Kinder, da war doch etwas. Habt ihr das auch gehört? (...) Dieses komische Ding hat sich bewegt? Was ist das überhaupt? *(Kasperl nimmt Kokon in die Hand und lässt ihn vor Schreck fallen.)* Hilfe, das Ding hat sich schon wieder bewegt! *(Kasperl steht schlotternd auf der Bühne.)* Kinder, da tut sich etwas. Da kommt irgendetwas aus dem Ding heraus. Oh, jetzt bekomme ich aber Angst.«

Schmetterling taucht auf.

Schmetterling: »Aber vor mir brauchst du doch keine Angst zu haben, Kasperl. Ich bin doch nur ein harmloser Schmetterling.«

Kasperl: »Ein Schmetterling. Tatsächlich. Und was für ein schöner Schmetterling du bist.«

Schmetterling: »Außerdem kennen wir uns.«

Kasperl (erstaunt): »Wir kennen uns?«

Schmetterling: »Ja, genau. Du hast mich noch vor kurzem als Riesenmonster beschimpft.«

Kasperl: »Du bist diese fette Raupe? Das kann doch nicht sein. Kinder, der Schmetterling sieht doch nicht so aus wie die fette Raupe, oder? (...) Siehst du.«

Schmetterling: »Zuerst bin ich eine Raupe und ich mache den ganzen Tag nichts anderes als fressen. Dann verpuppe ich mich in einem Kokon. Das ist das Ding, was du vor Schreck fallen gelassen hast. Aus diesem Kokon schlüpfe ich dann als Schmetterling.«

Kasperl: »Kinder, das ist ja fast wie Zauberei.«

Schmetterling: »Das ist keine Zauberei. Das ist einfach meine Natur. Es tut mir leid, dass ich euren Garten so leer gefressen habe, aber das tun Raupen nun mal, damit sie zum Schmetterling werden können.«

Kasperl: »Na, wenn das so ist, dann wollen wir dem Schmetterling noch einmal verzeihen. Schließlich ist er ja wunderschön. Kinder, dann ist das Rätsel um die fette Raupe ja geklärt und … der Kasperl ist zu Ende, wenn es euch gefallen hat, dann klatscht in die Hände.«

Der Blumenstreit

Puppen:	Kasperl, Krokodil, Papagei, Blume
Kulisse:	Wald oder Garten
Requisiten:	drei Blumen (rot, blau, gelb) an der Bühne befestigen
Basteltipp:	*drei verschiedenfarbige Blumen:* aus Krepppapier oder Tonkarton basteln; vor dem Spiel mit Reißzwecken/ Klebeband am unteren Bühnenrand befestigen *sprechende Blume:* aus Pappe basteln oder eine fertige Kunstblume verwenden; kann wenn sie spricht von innen mit Reißzwecke/Klebeband am Bühnenrand befestigt werden; vielleicht möchte ein älteres Kind das Halten der Blume gern übernehmen
Inhalt:	Der Papagei und das Krokodil streiten sich darum, wem die duftenden Blumen gehören. Dabei machen sie die Blumen kaputt. Eine weitere Blume wächst unter ihnen hervor. Sogleich beginnen sie sich von neuem um diese Blume zu streiten. Kasperl schlichtet den Streit, so dass sie gemeinsam an der Blume Freude haben können.
Anlass:	Streit

Kasperl kommt zwischen dem noch zugezogenen Vorhang hervor.

Kasperl: »Tritratrallala, tritratrallala, der Kasperl, der ist wieder da. Kinder, seid ihr auch alle da? (...) Na, das ist ja wunderbar. So, da will ich doch mal den Vorhang zur Seite schieben, damit ihr besser sehen könnt. *(Kas-*

perl probiert es, aber schafft es nicht, den Vorhang wegzuschieben.)
Oh, geht das aber schwer. Alleine schaffe ich das nicht. Ich glaube ich
brauche Hilfe. Aber wer könnte mir denn dabei helfen? Kinder, helft ihr
mir, den Vorhang zur Seite zu schieben? (...) Dann sagt einfach ›Hau-
ruck‹. *(Kasperl zieht mit gemeinsamen Haurucks den Vorhang auf.)*
Danke für eure Hilfe, Kinder.
Ah, seht mal, was für schöne Blumen. Die muss ich unbedingt der
Großmutter zeigen. Ich laufe schnell mal nach Hause.« *(geht ab)*

Papagei: »Lalalalala ... Ah, Bluuuumen. Ich liebe Blumen. Was für eine schöne
rote Blume. *(Riecht an der roten Blume.)* Hmmm, wie gut die riecht.
Die rote Blume riecht genauso wie eine rote Blume riechen muss.
Ah, da ist ja noch eine Blume. Eine blaue Blume. Mal sehen, wie die
riecht. Hmmmm, die riecht ja auch so gut. Kinder, am liebsten würde
ich noch an einer gelben Blume riechen. Seht ihr eine gelbe Blume?
(...) Ja, ihr habt Recht. Da ist ja eine. Ich muss gleich mal an ihr riechen. Mhhhm, die riecht ja soooo gut.« *(geht ab)*

Krokodil: »Ah, was für schöööööne Blumen. Kinder, ich liebe Blumen. Blumen
sehen so schön aus und riechen gut. An welcher Blume soll ich denn
zuerst riechen? An der gelben oder an der blauen Blume? Oder vielleicht doch zuerst an der roten? *(Falls die Kinder verschiedene Vorschläge machen, gibt sich das Krokodil etwas verwirrt.)* Ich bin ja ganz
durcheinander. Ich rieche einfach mal an der gelben Blume. Oh, riecht
die Blume gut. Und jetzt an der roten Blume. Mhhmmmm, die riecht
ja auch so gut. An welcher Blume habe ich denn noch nicht gerochen?
Ach ja, an der blauen Blume. Mhmmm, was für ein herrlicher Duft.«

Papagei: »Was machst du denn an meiner Blume?«

Krokodil: »Deine Blume? Das ist meine Blume.«

Papagei: »Nein, ich habe sie zuerst gesehen.«

Krokodil: »Aber jetzt ist es meine Blume.«

Papagei: »Geh da weg.«

Krokodil: »Nein, das ist meine Blume. Ich bleibe.«

Krokodil und Papagei streiten sich und knicken dabei die eine Blume ab.

Papagei: »Jetzt hast du sie kaputt gemacht.«

Krokodil: »Nein, du hast sie kaputt gemacht.«

Papagei: »Ich habe ja zum Glück noch die Blume.«

Papagei setzt sich vor die nächste Blume.

Krokodil: »Das ist nicht deine Blume.«

Papagei: »Doch, das ist meine.«

Krokodil: »Von wegen.«

Krokodil und Papagei streiten sich und knicken dabei die nächste Blume ab.

Papagei: »Jetzt hast du diese Blume auch kaputt gemacht, du Trampel.«

Krokodil: »Wer ist hier der Trampel? Du bist schuld daran.«

Papagei: »Dann gehört die aber mir ganz alleine.«

Papagei setzt sich vor die nächste Blume.

Krokodil: »Denkst du. Deine zwei Blumen hast du kaputt gemacht. Die hier gehört mir.«

Papagei: »Nein, das ist meine Blume.«

Krokodil: »Nein, die Blume gehört mir.«

Papagei: »Meine Blume.«

Krokodil: »Meine Blume.«

Die beiden zwicken und streiten sich bis auch die letzte Blume kaputt ist.

Papagei: »Jetzt sind sie alle kaputt.«

Krokodil: »Oh je, keine Blumen mehr.«

Papagei: »Keine einzige Blume ist mehr da.«

Krokodil: »Sie sind alle weg.«

Die beiden legen sich auf die Bühne und jammern gemeinsam bis sich unter dem Krokodil anscheinend etwas rührt.

Krokodil: »Hey, was soll das? Du hast mich gezwickt.«

Papagei: »Hab ich ja gar nicht.«

Krokodil: »Ach, lass mich doch in Ruhe.«

Beide drehen sich einander den Rücken zu.

Krokodil: »Du hast es schon wieder getan.«

Papagei: »Was denn?«

Krokodil: »Mich gezwickt.«

Papagei: »Ich habe dich nicht gezwickt. Kinder, habe ich das Krokodil gezwickt? (...) Siehst du.«

Krokodil: »Was war es dann?«

Blume (aus dem Hintergrund): »Das war ich.«

Krokodil: »Wer ist denn ich?«

Blume (aus dem Hintergrund): »Hier unten.«

Krokodil und Papagei schauen nach unten.

Papagei: »Da piekst mich irgendetwas. Schnell weg.« *(geht ab)*

Krokodil: »Kinder, der Papagei bringt sich in Sicherheit. Da gehe ich doch lieber auch mal in Deckung.« *(geht ab)*

Blume (kommt hervor): »Ach, was bin ich doch zu einer schönen Blume herangewachsen.« *(Blume befestigen)*

Papagei und Krokodil erscheinen wieder auf der Bühne.

Papagei: »Was? Die Blume hat mich gepiekst? Vor der Blume hätte ich doch gar keine Angst haben zu brauchen. Dann habe ich endlich wieder eine Blume für mich ganz alleine.«

Krokodil: »Nein, das ist meine Blume, die hier wächst.«

Papagei: »Du spinnst wohl. Natürlich ist das meine Blume.«

Krokodil: »Du spinnst selbst und außerdem bist du doof. Das ist nämlich meine Blume.«

Beide streiten und zwicken sich, Kasperl ruft aus dem Hintergrund.

Kasperl: »Hört sofort auf, ihr beiden!«

Papagei: »Oh, der Kasperl kommt. Jetzt gibt's gleich Ärger. Kinder, sagt doch dem Kasperl, dass das hier meine Blume ist.«

Krokodil: »Nein, Kinder, ihr müsst dem Kasperl sagen, dass es meine Blume ist.«

Papagei und Krokodil gehen ab.

Kasperl: »Hört sofort mit der Streiterei auf. Ach, jetzt sind die beiden weggerannt. Mit dieser dämlichen Streiterei haben der Papagei und das Krokodil doch die anderen Blumen erst kaputt gemacht. Die beiden können doch zusammen die Blume bewundern und an ihr riechen. Also so etwas!« *(geht ab)*

Papagei und Krokodil erscheinen auf der Bühne.

Papagei: »Der Kasperl hat recht.«

Krokodil: »Ja, das stimmt. Wir können uns beide an der Blume erfreuen. Vertragen wir uns wieder?«

Papagei: »Ja, abgemacht.«

Krokodil und Papagei riechen beide an der Blume.

Papagei: »So, ich glaube jetzt wird es Zeit für uns, wieder nach Hause zu gehen. Was meinst du, Krokodil?«

Krokodil: »Ja, das glaube ich auch. Also dann, tschüss, Kinder.«

Papagei: »Tschüssi, Kinder.«

Beide gehen ab. Kasperl tritt auf.

Kasperl: »Tja, liebe Kinder, dann wäre ja alles geklärt. Die Blume ist noch heil und die beiden vertragen sich wieder. Liebe Kinder dann ist der Kasperl jetzt zu Ende, und wenn es euch gefallen hat, dann klatscht in die Hände.«

Seppel treibt Sport

Puppen:	Kasperl, Seppel, Großmutter, Räuber, Wachtmeister
Kulisse:	Stadt, Wald oder Garten
Requisiten:	Sack
Inhalt:	Seppel hat den Sport für sich entdeckt und turnt zusammen mit Kasperl und den Kindern, wobei er die Erfahrung macht, dass auch die Großmutter noch ganz schön gelenkig ist. Als der Räuber kommt, sucht Seppel das Weite und lässt Kasperl mit dem Räuber alleine. Kasperl bringt den Räuber dazu, auch eine Turnübung mitzumachen, wobei dieser sich den Rücken verrenkt und von Kasperl gefesselt der Polizei übergeben werden kann.
Anlass:	Bewegung

Kasperl kommt zwischen dem noch zugezogenen Vorhang hervor.

Kasperl: »Tritratrallala, tritratrallala, der Kasperl, der ist wieder da. Kinder, seid ihr auch alle da? (...) Na, das ist ja wunderbar. So, da will ich doch mal den Vorhang zur Seite schieben, damit ihr besser sehen könnt. *(Kasperl probiert es, aber schafft es nicht, den Vorhang wegzuschieben.)* Oh, geht das aber schwer. Alleine schaffe ich das nicht. Ich glaube ich brauche Hilfe. Aber wer könnte mir denn dabei helfen? Kinder, helft ihr mir, den Vorhang zur Seite zu schieben? (...) Dann sagt einfach ›Hauruck‹. *(Kasperl zieht mit gemeinsamen Haurucks den Vorhang auf.)* Danke für eure Hilfe, Kinder.«

Seppel: »Hallo, Kasperl.«

Seppel rennt auf der Bühne hin und her.

Kasperl: »Hallo, Seppel. Sag mal, warum rennst du denn die ganze Zeit hin und her? Hast du Flöhe im Hintern?«

Seppel: »Nein. Und außerdem renne ich nicht einfach nur hin und her, sondern ich treibe Sport.«

Kasperl: »Sport? Seit wann treibst du denn Sport? Du bist doch ansonsten immer so faul.«

Seppel: »Ab jetzt nicht mehr.«

Kasperl: »Und warum nicht?«

Seppel: »Weil ich gehört habe, dass Sport gesund ist.«

Kasperl: »Ach so.«

Seppel: »Kinder, wollt ihr mitmachen? (...) Wunderbar. Denn noch schöner ist es, wenn man gemeinsam Sport treibt.«

Kasperl: »Darf ich auch mitmachen, Seppel?«

Seppel: »Sollen wir den Kasperl auch mitmachen lassen, Kinder? (...) Also gut, da hast du aber Glück gehabt, Kasperl. So, die Sportstunde beginnt. Alles aufstehen. Zuerst mal eine kleine Aufwärmübung. Kinder, wir hüpfen alle auf der Stelle. Wunderbar. Alle mitmachen. Klasse. Jetzt testen wir mal die Beweglichkeit. Wir bücken uns alle bis die Fingerspitzen die Zehen berühren. Klappt das bei euch? Fantastisch, ihr seid klasse.«

Kasperl: »Puh, das ist ja anstrengend. Ich muss mal schnell etwas trinken. Bin gleich wieder da.«

Kasperl geht ab, Großmutter tritt auf.

Großmutter: »Hallo, Kinder! Was ist denn hier los? (...) Ihr habt also Sportunterricht beim Seppel.«

Seppel: »Ja, Großmutter. Da staunst du, was? Ich mache den Vorturner und die Kinder turnen nach. Das ist nichts für dich, Großmutter.«

Großmutter: »Warum denn nicht?«

Seppel: »Weil du schon so alt bist.«

Großmutter: »Von wegen alt. Ich zeige dir mal, wie beweglich und fit ich noch bin.«

Großmutter turnt ein wenig vor.

Seppel: »Jetzt bin ich platt. Die Großmutter ist ja so fit wie ich. Also Kinder, das hätte ich nicht gedacht.«

Großmutter: »Ich lasse euch wieder alleine. Ich muss nämlich noch einen Kuchen backen. Aber passt mir gut auf. Ich habe nämlich gehört, dass der Räuber hier herumschleicht.«

Großmutter geht ab, Kasperl aufziehen.

Seppel: »Bevor wir weiterturnen, warten wir mal auf den Kasperl. Wo bleibt der denn so lange? Kinder, ruft doch mal den Kasperl. (…) Da bist du ja endlich, Kasperl. Jetzt wird aber weiter geturnt. Habt ihr überhaupt noch Lust dazu? Ok, Kinder, ich würde ja so gerne mal wissen, wie ein Hampelmann geht. Würdet ihr mir einen vormachen?«

Kasperl: »Kinder, ihr könnt das ja wirklich gut.«

Seppel: »Ja, das finde ich auch. Könnt ihr noch? Dann wären als nächstes ein paar Kniebeugen dran. Hoch und runter, hoch und runter, hoch und runter, hoch usw.«

Räuber (aus dem Hintergrund): »Was ist denn hier los? Wer macht denn hier solchen Krach?«

Seppel: »Ah, Hilfe, das klingt aber verdächtig nach dem Räuber! Ich gehe dann mal lieber. Tschüssi.« *(geht ab)*

Kasperl: »Hey, Seppel, du kannst uns doch hier nicht einfach alleine lassen.«

Seppel (aus dem Hintergrund): »Doch! Kann ich!«

Kasperl: »Also das ist mir ja einer.«

Räuber tritt auf.

Räuber: »Hey, was ist denn das für ein Rumgehüpfe?«

Kasperl: »Das ist unsere Sportstunde.«

Räuber: »Ich halte nichts von Sport. Ich bin der Räuber und stehle lieber etwas.«

Kasperl: »So geht das aber nicht. Sie können doch nicht einfach hierher kommen und etwas stehlen!«

Räuber: »Doch, das kann ich.«

Kasperl: »So ein unverschämter Kerl. Stört der einfach unsere Sportstunde! Also, wenn Sie schon hier sind, dann müssen Sie wenigstens beim Sport mitmachen.«

Räuber: »Das will ich aber nicht.«

Kasperl: »Weil Sie das gar nicht können.«

Räuber: »Von wegen. Ich kann sehr gut Sport treiben, ich möchte nur gerade nicht.«

Kasperl: »Kinder, ich glaube der Räuber lügt. Glaubt ihr das auch?« (...)

Räuber: »Ich lüge gar nicht.«

Kasperl: »Dann beweisen Sie uns doch, dass Sie auch bei unseren Sportübungen mitmachen können.«

Räuber: »Ganz leicht. Was soll ich tun?«

Kasperl: »Kinder, macht mal dem Räuber vor, wie man sich bückt und seine Fußspitzen berührt.«

Räuber: »Das kann ich doch locker. *(Räuber bückt sich und verrenkt sich den Rücken.)* Au, au, mein Rücken. Jetzt habe ich mich verrenkt.«

Kasperl: »Das ist die Gelegenheit, den Räuber zu fangen. Ab in den Sack mit dir.« *(Kasperl stülpt über den Räuber einen Sack. Wenn der Räuber im Sack ist, muss Kasperl den Sack samt Puppe halten, dann kann man aus dem Räuber schlüpfen und den Wachtmeister aufziehen. Die Räuberpuppe wird dann später samt Sack an den Wachtmeister übergeben.)*

Räuber (aus dem Sack): »Hey, was für eine Unverschämtheit! Lass mich da sofort wieder raus!«

Kasperl: »Von wegen. Die Kinder und ich rufen den Herrn Wachtmeister. Kinder, ruft mal kräftig den Herrn Wachtmeister.« (...)

Wachtmeister: »Ja, wer ruft denn da? Wart ihr das, Kinder? (...) Was? Der Räuber? Wo? Ah, ihr habt den Räuber gefangen. Ich sehe gar keinen Räuber. Wo ist er denn? (...) Im Sack? Das ist ja super. Den nehme ich gleich mit ins Gefängnis.«

Räuber (aus dem Sack): »Ich will aber nicht ins Gefängnis.«

Wachtmeister: »Dort gehörst du aber hin.«

Wachtmeister geht mit Räuber im Sack ab.

Kasperl: »Der Räuber kommt jetzt ins Gefängnis. Seppel, du kannst wieder herauskommen. Der Räuber ist weg.«

Seppel: »Zum Glück. Dann können wir ja mit unserem Sportunterricht weitermachen.«

Kasperl: »Seppel, ich kann nicht mehr.«

Seppel: »Der Kasperl macht schon schlapp. Wie sieht es denn mit euch aus, Kinder? (...) Dann machen wir dem Kasperl zuliebe zum Abschluss meine Lieblingsübung, nämlich die Schüttelübung: Zuerst werden die Hände ausgeschüttelt. Dann das eine Bein und jetzt das andere. Und am Schluss schütteln wir uns komplett durch. So, und nun alle tieeeef einatmen und wieder aus. Jetzt könnt ihr euch wieder setzen.«

Kasperl: »Die Übung hat mir auch Spaß gemacht.«

Seppel: »Und wie hat's euch gefallen, Kinder?« (...)

Kasperl: »Heute war es ja doppelt gut. Wir hatten mit dem Seppel tollen Sportspaß und außerdem haben wir alle noch den Räuber gefangen. Das ist doch super. So können der Seppel und ich beruhigt nach Hause gehen. Liebe Kinder, dann ist der Kasperl jetzt zu Ende, und wenn es euch gefallen hat, dann klatscht in die Hände.«

Die Zahnbürste geht spazieren

Puppen:	Kasperl, Seppel
Kulisse:	Stadt oder Wald
Requisiten:	Zahnbürste
Inhalt:	Kasperl trifft auf eine einsame Zahnbürste, die ihren Besitzer verlassen hat, weil der sie nicht mehr benutzt. Wie sich herausstellt, ist Seppel derjenige, der aus Faulheit keine Zähne mehr putzt, was ihm Zahnweh beschert. Abhilfe würde Zähneputzen schaffen, aber dazu muss er erst einmal seine Zahnbürste wieder zurückbekommen.
Anlass:	Zähneputzen

Kasperl kommt zwischen dem noch zugezogenen Vorhang hervor.

Kasperl: »Tritratrallala, tritratrallala, der Kasperl, der ist wieder da. Kinder, seid ihr auch alle da? (...) Na, das ist ja wunderbar. So, da will ich doch mal den Vorhang zur Seite schieben, damit ihr besser sehen könnt. *(Kasperl probiert es, aber schafft es nicht, den Vorhang wegzuschieben.)* Oh, geht das aber schwer. Alleine schaffe ich das nicht. Ich glaube ich brauche Hilfe. Aber wer könnte mir denn dabei helfen? Kinder, helft ihr mir, den Vorhang zur Seite zu schieben? (...) Dann sagt einfach ›Hauruck‹. *(Kasperl zieht mit gemeinsamen Haurucks den Vorhang auf.)* Das geht ja ganz leicht mit eurer Hilfe. Vielen Dank, Kinder.«

Zahnbürste kommt auf die Bühne.

Kasperl: »Hey, wer bist denn du?«

Zahnbürste: »Wer? Ich?«

Kasperl: »Ja, genau du.«

Zahnbürste: »Sag bloß, du weißt nicht, wer ich bin!«

Kasperl: »Nein, das weiß ich nicht.«

Zahnbürste: »Kinder, könnt ihr dem Kasperl sagen, was ich bin?« (...)

Kasperl: »Eine Zahnbürste! Ja, das weiß ich, dass du eine Zahnbürste bist. Ich habe ja auch gemeint, zu wem gehörst du?«

Zahnbürste: »Kinder, habt ihr alle heute Morgen eure Zähne geputzt? *(Je nach Antwort der Kinder loben oder darauf hinweisen, dass sie es besser tun sollten.)* Dann sind eure Zahnbürsten sicher alle zu Hause und warten im Badezimmer auf euch. Stimmt's?« (...)

Kasperl: »Solltest du nicht auch in einem Badezimmer sein und auf deinen Besitzer warten?«

Zahnbürste: »Ich habe schon mehrere Tage gewartet, aber mein Besitzer hat mich nicht benutzt.«

Kasperl: »Das ist ja ein Ding. Man muss doch immer seine Zähne gründlich putzen. Das macht ihr doch auch, Kinder, oder?« (...)

Zahnbürste: »Dann gibt's ja hier für mich nichts zu tun. Ich gehe dann mal wieder. Tschüss.« *(geht ab)*

Kasperl: »Eine Zahnbürste, die in der Gegend herumspaziert, ist mir ja noch nie begegnet.«

Seppel: »Au, au, au.«

Kasperl: »Was ist denn mit dir, Seppel?«

Seppel: »Au, au, au. Ich habe solche Zahnschmerzen.«

Kasperl: »Warum hast du denn so arge Zahnschmerzen?«

Seppel: »Ich habe meine Zähne nicht geputzt.«

Kasperl: »Und warum hast du deine Zähne nicht geputzt?«

Seppel: »Ich war zu faul.«

Kasperl: »Kinder, der Seppel war zu faul zum Zähneputzen und jetzt hat er Zahnschmerzen. Das kommt davon, wenn man seine Zähne nicht regelmäßig putzt. Seppel, du musst unbedingt immer deine Zähne putzen!«

Seppel: »Aber meine Zahnbürste ist weg.«

Kasperl: »Kinder, Seppels Zahnbürste ist weg. Wisst ihr noch, welche Farbe die Zahnbürste von vorhin hatte? (...) Seppel, ist deine Zahnbürste vielleicht ... *(Farbe der Zahnbürste einsetzen)*?«

Seppel: »Ja, genau. Das ist sie.«

Kasperl: »Dann wissen die Kinder und ich, wo deine Zahnbürste ist.«

Seppel: »Und wo?«

Kasperl: »Die geht hier spazieren.«

Seppel: »So eine Frechheit.«

Kasperl: »Ich helfe dir suchen.« *(geht ab)*

Seppel: »Au, au, au. Hoffentlich finde ich meine Zahnbürste wieder. Kinder, könnt ihr nicht mal nach meiner Zahnbürste rufen. Ruft einfach ›Zahnbürste‹.«

Kinder und Seppel rufen nach der Zahnbürste, die auch erscheint.

Zahnbürste: »Wer ruft mich?«

Seppel: »Wir sind es. Ich brauch dich zum Zähneputzen.«

Zahnbürste: »Du hast mich so lange nicht benutzt, jetzt möchte ich nicht mehr.«

Seppel: »Was? Das gibt's doch nicht. Du gehörst doch mir.«

Zahnbürste: »Jetzt nicht mehr.«

Seppel: »Na warte!«

Seppel möchte Zahnbürste greifen, doch die lässt sich nicht schnappen.

Seppel: »Hey!«

Zahnbürste: »Du kriegst mich nicht!«

Seppel beginnt, der Zahnbürste auf der Bühne hinterher zu jagen.

Zahnbürste: »Du kriegst mich nicht! Du kriegst mich nicht!«

Seppel: »Ich krieg dich doch!«

Zahnbürste: »Versuchs doch. Du kriegst mich nicht!«

Seppel: »Ich krieg dich doch!«

Das Spielchen wiederholt sich ein paar Mal.

Seppel: »Jetzt reicht's mir aber. Kinder, ihr müsst mir helfen. Wenn die Zahnbürste wieder vorbeirennt, dann trampelt ihr mal ganz laut mit den Füßen auf den Boden. Vielleicht erschreckt sich die Zahnbürste dann, und ich kann sie fangen.«

Zahnbürste kommt vorbei, Kinder trampeln, Zahnbürste bleibt stehen und Seppel schnappt sie sich. Kasperl tritt auf.

Seppel: »So, jetzt hab ich dich doch noch gekriegt. Du bist schließlich meine Zahnbürste, und du darfst nicht einfach so wegrennen.«

Kasperl: »Hallo, Seppel, ich sehe, du hast deine Zahnbürste gefunden.«

Seppel: »Ich habe sie nicht nur gefunden, sondern mit Hilfe der Kinder auch wieder eingefangen.«

Kasperl: »Dann kannst du ja von nun an wieder regelmäßig deine Zähne putzen. Wenn du das tust, dann läuft die Zahnbürste auch nicht mehr weg. Außerdem bleiben deine Zähne gesund und du bekommst keine Schmerzen mehr.«

Seppel: »Kinder, stimmt das?« (...)

Kasperl: »Natürlich stimmt das. Oder rennen eure Zahnbürsten von zuhause weg, Kinder? (...) Siehst du Seppel. Dann wäre ja alles wieder geregelt. Liebe Kinder, dann ist der Kasperl jetzt zu Ende, und wenn es euch gefallen hat, dann klatscht in die Hände.«

Der gefangene Papagei

Puppen: Kasperl, Papagei, Hexe
Kulisse: Hexenhaus
Requisiten: Papageienfutter (Nuss o. ä.)
Inhalt: Die Hexe hat den Papagei gefangen. Dieser, gar nicht ein-
geschüchtert – beschimpft die Hexe am laufenden Band.
Genervt möchte diese ihren Schönheitsschlaf genießen,
aber der Papagei stört immer wieder den Hexenschlaf
mit Hilfe der Kinder, bis die Hexe ihn genervt freigibt.
Anlass: vor Hexen braucht man keine Angst zu haben, freche
Sprüche

Kasperl kommt zwischen dem noch zugezogenen Vorhang hervor.

Kasperl: »Tritratrallala, tritratrallala, der Kasperl, der ist wieder da. Kinder, seid
ihr auch alle da? (...) Na, das ist ja wunderbar. So, da will ich doch mal
den Vorhang zur Seite schieben, damit ihr besser sehen könnt. *(Kasperl probiert es, aber schafft es nicht, den Vorhang wegzuschieben.)*
Oh, geht das aber schwer. Alleine schaffe ich das nicht. Ich glaube ich
brauche Hilfe. Aber wer könnte mir denn dabei helfen? Kinder, helft ihr
mir, den Vorhang zur Seite zu schieben? (...) Dann sagt einfach ›Hauruck‹. *(Kasperl zieht mit gemeinsamen Haurucks den Vorhang auf.)*
Danke für eure Hilfe, Kinder.

Huch, wo bin ich denn hier gelandet? Das sieht ja aus wie ein Hexen-haus. Brrr, hier möchte ich nicht bleiben. Nichts wie weg.« *(geht ab)*

Papagei: »Hallo Kinder, schön, dass ihr hier seid. Da habe ich wenigstens jemanden zum Erzählen. Mir ist ja soooo langweilig. Stellt euch mal vor, die Hexe hat mich hier eingesperrt und möchte mich nicht mehr rauslassen.«

Hexe: »So, da bin ich wieder.«

Papagei: »Ach ja! Das sehe ich, du blöde Hexe, du Popelgesicht, du Hakenna-se, du Eierkopf, du Matschbirne, du Wackelzahn, du Stinkkäsefuß, du gebrauchte Unterhose, du ...«

Hexe: »Sei sofort ruhig! So ein frecher Papagei. Der beleidigt mich hier am lau-fenden Band, wo ich doch in Wirklichkeit soooo schööööön bin.«

Papagei: »Schööööön?! Du bist hässlich, doof, gemein, vergammelt, stinkig, warzig, popelig ...«

Hexe: »Halt deinen frechen Schnabel, du, du, du, frecher Vogel!«

Papagei: »Du hast mir hier gar nichts zu befehlen, du Dotterbacke, du faules Ei, du Schlabberbacke, du Flohfurz, du Knubbelzehe, du ...«

Hexe: »Sei ruhiiiiig!«

Papagei: »Du Warzenkönigin, du Milbenzirkus, du ...«

Hexe: »Wenn du nicht ruhig bist, dann bekommst du nichts mehr zu fressen.«

Papagei: »Gar nichts mehr?«

Hexe: »Gar nichts mehr.«

Papagei: »Oh.«

Hexe: »Wunderbar. Das hat gewirkt. Und jetzt sagst du zu mir, dass ich wunder-schööön bin. *(Papagei schüttelt den Kopf.)* Sag es! *(Papagei schüttelt den Kopf.)* Sag es! Sag, die Hexe ist wunderschöööööön! *(Papagei*

schüttelt den Kopf.) Wunnn-deeerrr-schöööön! Los, sag es endlich! *(Papagei schüttelt den Kopf.)* Na gut, dann bekommst du auch nichts mehr zu trinken.«

Papagei: »Gar nichts mehr?«

Hexe: »Gar nichts mehr.«

Papagei: »Hmmmmm. Na gut. Kinder, die Hexe ist *(dann leise)* nicht *(wieder lauter)* wunderschööön.«

Hexe: »Ah, ja. Genau das bin ich.«

Papagei: »Jetzt möchte ich aber auch etwas zum Fressen.«

Hexe: »Ja, ja, du kriegst ja was. Morgen früh gehe ich gleich einkaufen und bringe dir Futter mit. Aber jetzt muss ich schlafen.«

Hexe legt sich zum Schlafen auf die Bühne. Papagei zwickt Hexe in den Po.

Hexe: »Au! Was war denn das?«

Papagei: »Das war ich.«

Hexe: »Und warum zwickst du mich?«

Papagei: »Ich habe aber jetzt Hunger und nicht erst morgen früh.«

Hexe: »Lass mir meine Ruhe. Ich brauche meinen Schönheitsschlaf.«

Papagei (zwickt Hexe): »Und ich brauche etwas zu fressen.«

Hexe (ärgerlich): »Morgen bekommst du ja etwas.« *(legt sich wieder hin)*

Papagei (zwickt die Hexe): »Ich habe Hunger!«

Hexe (hebt nur kurz den Kopf): »Und ich brauche meinen Schlaf!«

Papagei (zwickt Hexe): »Hunger!«

Hexe (nur den Kopf hebend): »Schlaf!«

So geht das ein paar Mal im Wechsel.

Hexe: »Herrschaftszeiten aber auch! Na gut, du Nervensäge, ich hole dir etwas zu fressen.«

Hexe geht kurz ab und kommt mit Futter zurück.

Hexe: »Hier, da hast du was zu fressen. Und jetzt gib Ruhe!«

Hexe legt sich wieder hin.

Papagei: »Kinder, wollen wir die Hexe ein wenig ärgern? (…) Dazu brauche ich aber eure Hilfe. Wir machen alle zusammen ein Geräusch, das sich anhört wie Wind und Sturm, ja?«

Kinder und Papagei machen Wind-/Sturmgeräusche.

Hexe: »Was ist das denn heute für ein Sturm? Da kann ich ja gar nicht schlafen.«

Papagei: »Ja, da musst du mal nachschauen, ob dein Besen nicht von alleine wegfliegt.«

Hexe: »Oh Schreck! *(Hexe geht kurz ab und kommt wieder auf die Bühne.)* Mit meinem Besen ist alles in Ordnung. Da kann ich beruhigt weiter schlafen.«

Papagei: »Jetzt schläft die schon wieder. Kinder, trampelt doch alle mal ganz fest mit den Füßen auf den Boden.«

Hexe: »Huch, was ist denn das für ein Krach?«

Papagei: »Das war Donner.«

Hexe (kurz ab und wieder auf die Bühne): »Nichts passiert. Draußen ist alles noch in Ordnung. So, aber jetzt wird es allerhöchste Zeit, dass ich mal zum Schlafen komme.«

Papagei: »Wir könnten die Hexe mit einem Mückengeräusch ärgern. Kinder, könnt ihr wie Mücken summen?«

Kinder und Papagei summen wie Mücken.

Hexe (rennt aufgeschreckt herum): »Ah, Hilfe! Mücken, die kann ich gar nicht leiden. Ich mag keine Mücken. Die stechen nur und dann juckt es so fürchterlich. Hilfe! *(zum Papagei)* Kannst du mir nicht helfen?«

Papagei: »Nur, wenn du mich wieder frei lässt.«

Hexe: »Ja, ja, ich lass dich frei. Mach nur, dass diese blöden Mücken wieder weggehen.«

Papagei (tut so, als ob er die Mücken verjagen würde, bittet die Kinder, mit dem Geräusch aufzuhören): »So, die Mücken sind weg. Kann ich jetzt gehen?«

Hexe: »Ja, ja, geh nur. Und ich suche mir erst einmal einen anderen Schlafplatz. Hier ist es mir zu laut.« *(geht ab)*

Kasperl: »Was ist denn hier los? Warum war denn hier so ein Krach?«

Papagei: »Das waren die Kinder und ich.«

Kasperl: »Warum habt ihr denn so einen Krach gemacht, Kinder?« (…)

Papagei: »Die Kinder haben mir geholfen, mich von der Hexe zu befreien. *(zu den Kindern)* Die Hexe haben wir ganz schön an der Nase herumgeführt. Vielen Dank, Kinder. Ohne euch hätte ich das nie geschafft.«

Kasperl: »Das ist ja klasse.«

Papagei: »Kasperl, lass uns schnell nach Hause gehen.«

Kasperl: »Ja, das machen wir. Liebe Kinder, dann ist der Kasperl jetzt zu Ende, und wenn es euch gefallen hat, dann klatscht in die Hände.«

Kasperl will nicht schlafen

Puppen:	Kasperl, Großmutter
Kulisse:	Schlaf-/Kinderzimmer (je nach den Gegebenheiten des Puppentheaters kann das Monster im Schrank, hinter der Tür oder unter dem Bett sein.)
Requisiten:	Becher, Decke, Puppenkleid
Inhalt:	Kasperl soll schlafen gehen und findet eine Ausrede nach der anderen, um es nicht tun zu müssen, da er Angst hat, dass sich hinter der Tür ein Monster befindet. Nachdem er die Großmutter schon ein paar Mal gerufen hat, schaut diese nach und entdeckt das »Monster« in Form eines Kleidungsstücks. Einer guten Nacht steht nun nichts mehr im Weg.
Anlass:	Angst vor Monstern, nicht schlafen können

Kasperl kommt zwischen dem noch zugezogenen Vorhang hervor.

Kasperl: »Tritratrallala, tritratrallala, der Kasperl, der ist wieder da. Kinder, seid ihr auch alle da? (...) Na, das ist ja wunderbar. So, da will ich doch mal den Vorhang zur Seite schieben, damit ihr besser sehen könnt. *(Kasperl probiert es, aber schafft es nicht, den Vorhang wegzuschieben.)* Oh, geht das aber schwer. Alleine schaffe ich das nicht. Ich glaube, ich

brauche Hilfe. Aber wer könnte mir denn dabei helfen? Kinder, helft ihr mir, den Vorhang zur Seite zu schieben? (…) Dann sagt einfach ›Hau-ruck‹. *(Kasperl zieht mit gemeinsamen Haurucks den Vorhang auf.)* Danke für eure Hilfe, Kinder.«

Großmutter: »Kasperl, bist du schon bettfertig?«

Kasperl: »Noch nicht, Großmutter.«

Großmutter: »Dann beeil dich mal. Es ist schon spät und du musst schlafen gehen.«

Kasperl: »Noch fünf Minuten.«

Großmutter: »Vorhin waren es schon fünf Minuten. Du gehst jetzt bitte ins Bett.«

Kasperl: »Ich habe noch Durst.«

Großmutter (holt einen Becher mit Wasser): »Hier kannst du noch einen Schluck trinken.«

Kasperl: »Danke.«

Großmutter: »Aber jetzt gehst du schlafen.«

Kasperl: »Ich habe noch Hunger.«

Großmutter: »Das kann gar nicht sein. Wir haben vorhin erst zu Abend gegessen.«

Kasperl: »Ich muss aber noch mal Pipi machen.«

Großmutter: »Dann mach dein Pipi. Beeil dich.«

Kasperl geht kurz ab und erscheint wieder auf der Bühne.

Kasperl: »So, da bin ich wieder. Kann ich noch etwas trinken?«

Großmutter: »Nein, jetzt ist Schluss. Du gehst in dein Bett. Hopp, hinein mit dir.«

Kasperl legt sich auf die Bühne, Großmutter deckt Kasperl zu.

Kasperl: »Großmutter, lass das Licht an.«

Großmutter: »Aber Kasperl, dann kannst du doch nicht schlafen. Gute Nacht, Kasperl.« (*geht ab*)

Kasperl: »Gute Nacht, Großmutter. Kinder, ich habe Angst, so alleine in meinem Bett. (*ruft*) Großmutter!«

Großmutter: »Was ist denn, Kasperl?«

Kasperl: »Großmutter, kann ich nicht doch noch etwas essen?«

Großmutter: »Nein, dafür ist es jetzt zu spät. Bitte schlaf jetzt.«

Kasperl: »Gute Nacht, Großmutter.«

Großmutter: »Gute Nacht, Kasperl.« (*geht ab*)

Kasperl: »Kinder, ich glaube, hinter der Tür ist ein Monster. (*ruft*) Großmutter!«

Großmutter: »Was ist denn nun noch?«

Kasperl: »Großmutter, ich habe Angst.«

Großmutter: »Du brauchst doch keine Angst zu haben. Ich bin gleich nebenan im Wohnzimmer und lese noch ein wenig. Schlaf jetzt gut und träume etwas Schönes.« (*geht ab*)

Kasperl: »Kinder, ich glaube, da ist ein Monster hinter meiner Tür. Seht ihr da etwas? (…) (*ruft*) Großmutter!«

Großmutter: »Also langsam werde ich ärgerlich. Was ist denn schon wieder?«

Kasperl: »Großmutter, da ist ein Monster hinter meiner Tür.«

Großmutter: »Da ist überhaupt kein Monster hinter deiner Tür. Außerdem gibt es gar keine Monster. Schlaf jetzt, Kasperl.« (*geht ab*)

Kasperl: »Da ist aber doch etwas hinter meiner Tür. (*ruft*) Großmutter!«

Großmutter: »Kasperl, du sollst doch schlafen!«

Kasperl: »Ich kann aber nicht, wenn da jemand hinter meiner Tür ist. Großmutter, schau doch bitte mal ganz genau nach.«

Großmutter: »Na gut. (*Großmutter schaut nach.*) Da ist nichts Kasperl, und schon gar kein Monster.«

Kasperl: »Doch, doch, Großmutter! Schau doch bitte noch mal genauer nach.«

Großmutter: »Also gut, Kasperl, dann schaue ich noch einmal nach. (*Großmutter kommt mit einem Puppenkleid hervor.*) Sieh mal, Kasperl. Das ist alles, was da ist. Nur ein Kleidungsstück.«

Kasperl: »Kinder, da brauche ich ja gar keine Angst zu haben. Das ist ja nur Kleidung. So etwas.«

Großmutter: »Siehst du, Kasperl. Nun ist alles wieder gut.«

Kasperl: »Ja, Großmutter. Das ist ja lustig, Kinder. Da habe ich vor meiner eigenen Hose/Jacke Angst. Gute Nacht, Großmutter. Jetzt kann ich beruhigt schlafen. Gute Nacht, Kinder.«

Großmutter: »Liebe Kinder, nun muss der Kasperl aber wirklich schlafen. Deshalb ist der Kasperl jetzt zu Ende, und wenn es euch gefallen hat, dann klatscht in die Hände.«

Wo ist der Apfel bloß hin?

Puppen:	Kasperl, Seppel, Räuber,
Kulisse:	Stadt, Wald oder Garten
Requisiten:	Apfel (kann man auf einen kleinen Nagel am Theater stecken), Seil
Inhalt:	Kasperl bekommt von der Großmutter einen Apfel geschenkt. Während er Seppel sucht, um ihm den Apfel zu zeigen, stiehlt der Räuber den Apfel. Dies passiert noch ein weiteres Mal. Daraufhin schmiedet Kasperl mit den Kindern einen Plan, und sie fangen nach einigen Verwirrungen gemeinsam den Räuber.
Anlass:	Erntedank, Stehlen

Kasperl kommt zwischen dem noch zugezogenen Vorhang hervor.

Kasperl: »Tritratrallala, tritratrallala, der Kasperl, der ist wieder da. Kinder, seid ihr auch alle da? (...) Na, das ist ja wunderbar. So, da will ich doch mal den Vorhang zur Seite schieben, damit ihr besser sehen könnt. *(Kasperl probiert es, aber schafft es nicht, den Vorhang wegzuschieben.)* Oh, geht das aber schwer. Alleine schaffe ich das nicht. Ich glaube ich brauche Hilfe. Aber wer könnte mir denn dabei helfen? Kinder, helft ihr mir, den Vorhang zur Seite zu schieben? (...) Dann sagt einfach ›Hau-

ruck«. *(Kasperl zieht mit gemeinsamen Haurucks den Vorhang auf.)* Danke für eure Hilfe, Kinder.

Also Kinder, ich muss euch unbedingt zeigen, was mir die Großmutter geschenkt hat. Moment, ich bin gleich wieder da. *(Kasperl verschwindet und kommt mit einem Apfel zurück.)* Schaut mal. Ist das nicht ein wunderschöner, saftiger, leckerer, duftender Apfel? (...) Wisst ihr was? Den Apfel muss ich unbedingt noch meinem Freund Seppel zeigen, bevor ich ihn esse. Wo könnte ich denn meinen Apfel so lange lassen? *(Kasperl sucht einen geeigneten Platz auf der Bühne.)* Hier ist der richtige Platz. Da kann er bleiben, bis ich wieder zurück bin.« *(Steckt Apfel auf einen Nagel oder legt ihn hin, je nach Bühne. geht ab)*

Räuber: »Oh Mann, hab ich einen Hunger. *(sieht Apfel)* Was sehe ich denn hier Leckeres? Ist das etwa eine Banane? (...) Ach, eine Melone! (...) Was soll das sein? Ein Apfel? Wusste ich doch gleich. Was für ein saftiger Apfel. Gehört der euch, Kinder? (...) Was? Dem Kasperl? Ich sehe aber keinen Kasperl. Ha! Wenn der Kasperl nicht da ist, dann gehört der Apfel jetzt mir.«

Räuber nimmt Apfel und geht ab, Seppel tritt auf.

Kasperl (aus dem Hintergrund): »Wo bleibst du denn, Seppel? Beeil dich doch mal.«

Seppel (aus dem Hintergrund): »Ja, ja, ich komme ja schon. *(Seppel kommt auf die Bühne)* Und wo ist jetzt das Wunderwerk von einem Apfel?« *(Hier werden die Kinder ganz aufgeregt vom Räuber berichten. Falls nicht, kann Seppel selbst sagen, dass er vielleicht gestohlen wurde.)*

Kasperl: »Was? Der Räuber hat meinen schönen Apfel gestohlen?«

Seppel: »Und ich habe den Apfel noch nicht einmal gesehen.«

Kasperl: »Ich frage mal die Großmutter, ob sie mir noch einen Apfel gibt.«

Seppel: »Warte, da gehe ich mit. Vielleicht bekomme ich ja auch einen Apfel.«

Beide gehen ab, Räuber tritt auf.

Kasperl (erscheint mit Apfel): »So, Kinder, da bin ich wieder. Schaut mal. Die Großmutter hat mir noch einen Apfel geschenkt. Wo ist denn nur der Seppel schon wieder? Ich wollte ihm doch den Apfel zeigen, bevor ich ihn esse. Kinder, ich schaue mal, wo der Seppel ist. Würdet ihr in der Zwischenzeit noch einmal auf meinen Apfel aufpassen? (...) Vielen Dank.« *(geht ab)*

Räuber: »Ah, da ist ja schon wieder so ein schöner ... was ist das noch mal? (...) Ah ja, ein Apfel. *(Kinder protestieren hier wahrscheinlich oder rufen Kasperl.)* Ach, schreit ihr mal so viel wie ihr wollt. Den Apfel klaue ich trotzdem.« *(Räuber nimmt Apfel und verschwindet.)*

Kasperl: »Warum habt ihr denn so geschrien, Kinder? Was? Mein Apfel wurde schon wieder gestohlen? War das derselbe Räuber? So ein frecher und gemeiner Kerl. Meint ihr, die Großmutter schenkt mir noch einen dritten Apfel? (...) Ich frage sie einfach. *(Kasperl geht kurz ab und kommt mit einem Apfel zurück.)* So, da bin ich wieder. Die Großmutter hat mir noch einmal einen Apfel geschenkt. Auf den passe ich jetzt aber gut auf. Ich könnte ihn ja gleich essen, dann könnte der Räuber ihn nicht mehr stehlen. Aber ich möchte den Apfel doch noch dem Seppel zeigen. Kinder, ich warte einfach hier auf den Seppel. Er hat nämlich gesagt, dass er gleich kommt. *(Kasperl wartet, pfeift ein wenig gelangweilt etc.)* Das dauert ja lange, bis der Seppel kommt. Ich werde langsam müde. *(gähnt)* Ich könnte ja auch ein kleines Mittagschläfchen machen, bis der Seppel hier ist. Wenn irgendetwas ist, dann weckt mich einfach. *(Kasperl legt sich hin und schläft, Räuber linst aus einer Ecke hervor, Kinder warnen Kasperl.)* Was ist los? Der Räuber? Wo? *(Kasperl schaut in der Ecke nach, die die Kinder ihm zeigen.)* Kinder, da ist kein Räuber. Ich lege mich wieder hin und schlafe weiter. *(Kasperl schläft wieder, Räuber linst wieder aus der Ecke hervor, die Kinder warnen Kasperl erneut.)* Was ist denn schon wieder? Was? Schon wieder der Räuber? *(Kasperl schaut wieder nach.)* Kinder, da ist wieder kein Räuber zu sehen. *(Räuber schaut aus der anderen Ecke hervor. Kinder warnen Kasperl. Sobald Kasperl nachschaut, verschwindet der Räuber wieder und schaut aus der Ecke hervor, die von Kasperl abgewandt ist. Kasperl rennt von Ecke zu Ecke. Dies kann man ein paar Mal wiederholen. Erfahrungsgemäß ist das für die Kinder sehr aufregend.)* Kinder, ich bin ja schon ganz außer Atem. Wollt ihr mich vielleicht auf den Arm nehmen oder veräppeln? (...) Nein. Also gut, dann glaube ich euch. Wisst ihr, was ich noch glaube? (...) Ich glaube außerdem, dass, solange der Räuber hier noch frei herumläuft, keine Äpfel vor ihm sicher sind. Deshalb müssen wir den Räuber fangen. Macht ihr mit? (...) Gut. Ich verrate euch mal meinen Plan: Ich habe hier irgendwo

ein Seil gesehen. *(Kasperl schaut sich um und hebt ein Seil auf.)* Ah ja, hier ist es auch schon. Kinder, ich tue einfach so, als ob ich schliefe. Wenn der Räuber dann dicht hinter mir steht, ruft ihr ganz laut. Aber erst, wenn er ganz nah bei mir ist! Habt ihr alles verstanden? Gut, dann kann's losgehen. *(Kasperl stellt sich schlafend. Der Räuber kommt hervor und möchte den Apfel stehlen. Die Kinder rufen, Kasperl schnellt hoch und fesselt Räuber.)* Ha, jetzt haben wir dich doch noch gekriegt, du frecher Räuber. Du stiehlst keine Äpfel mehr.«

Räuber: »Hey! Frechheit! Lass mich gefälligst wieder frei!«

Kasperl: »Niemals! Ich bringe dich jetzt zur Polizei. *(Kasperl geht kurz mit protestierendem Räuber ab und erscheint gleich wieder.)* So, Kinder. Das hätten wir mit eurer Hilfe geschafft. Der Räuber sitzt im Gefängnis. Und weil der Seppel nicht kommt, nehme ich jetzt einfach meinen Apfel mit und esse ihn ganz gemütlich bei der Großmutter. Lieber Kinder, dann ist der Kasperl jetzt zu Ende, und wenn es euch gefallen hat, dann klatscht in die Hände.«

Seppel und der Müll

Puppen:	Kasperl, Räuber, Seppel
Kulisse:	Stadt oder Wald
Requisiten:	Abfall (zerknüllte Zeitungspapierfetzen reichen völlig aus, diese vorab an der Bühne befestigen), Eimerchen, Plastiktüte gefüllt mit Abfall (z. B. ausgespülte Joghurtbecher, leere Verpackungen etc.), präparierte Milch-/Safttüte (ausgespült und aufgeschnitten, so dass sie dem Räuber über den Kopf gestülpt werden kann)
Inhalt:	Kasperl und Seppel sammeln herumliegenden Müll und Abfall ein. Seppel gefällt das gar nicht. Als dann noch der Räuber seinen ganzen Müll vor Seppel ausschüttet, verfolgt er den Räuber und bringt ihn dazu, die Unordnung wieder zu beseitigen. Hier ist Seppel mal der Held.
Anlass:	Abfall/Müll richtig entsorgen

Kasperl kommt zwischen dem noch zugezogenen Vorhang hervor.

Kasperl: »Tritratrallala, tritratrallala, der Kasperl, der ist wieder da. Kinder, seid ihr auch alle da? (...) Na, das ist ja wunderbar. So, da will ich doch mal den Vorhang zur Seite schieben, damit ihr besser sehen könnt. *(Kasperl probiert es, aber schafft es nicht, den Vorhang wegzuschieben.)* Oh, geht das aber schwer. Alleine schaffe ich das nicht. Ich glaube ich brauche Hilfe. Aber wer könnte mir denn dabei helfen? Kinder, helft ihr

mir, den Vorhang zur Seite zu schieben? (…) Dann sagt einfach ›Hauruck‹. *(Kasperl zieht mit gemeinsamen Haurucks den Vorhang auf.)* Danke für eure Hilfe, Kinder.
Wie es hier wieder aussieht. Kinder, hier liegt jeden Tag so viel Abfall herum.«

Seppel: »Ach, wie sieht's denn hier wieder aus? Wir haben doch gestern erst den ganzen Abfall eingesammelt. Das ist ja eine Frechheit! Kinder, habt ihr etwa den ganzen Abfall hier hin geworfen?« (…)

Kasperl: »Aber Seppel! Die Kinder werfen doch nicht ihren Abfall einfach in der Gegend herum.«

Seppel: »So? Und wo werfen die Kinder ihren Abfall hin?«

Kasperl: »Kinder, sagt doch dem Seppel, wo ihr euren Abfall hineinwerft. (…) Siehst du, Seppel. Die Kinder werfen den Abfall in den Abfalleimer/Papierkorb/die Mülltonne.«

Seppel: »Das ist ja klasse. Ich muss sagen, ihr seid tolle Kinder.«

Kasperl: »Trotzdem müssen wir den Müll wieder aufsammeln.«

Seppel: »Na gut, ich hole schon mal den Eimer. *(Seppel geht kurz ab und kommt mit einem Eimer zurück.)* Es kann losgehen!«

Kasperl und Seppel sammeln den Abfall ein.

Seppel: »Wenn ich den erwische, der hier immer so viel Müll verursacht. Der kann was erleben. Vor allem, weil ich das immer wegräumen muss.«

Kasperl: »Meckere nicht, Seppel. Schließlich helfe ich ja auch mit. *(Wenn der ganze Abfall eingesammelt ist.)* So, das wär's dann. Ich bringe den Abfall zur Mülldeponie.« *(geht ab)*

Seppel: »Ja, tu das. Ich warte hier so lange auf dich. *(Räuber erscheint, sieht Seppel nicht gleich, wirft ein Stück Abfall auf den Boden.)* Oh, das habe ich gesehen. Du bist das, der hier seinen Abfall einfach hinwirft. Wir haben doch extra Mülltonnen und Abfalleimer dafür.«

Räuber: »Haha, wer bist denn du, dass du dich so aufregst?«

Seppel: »Ich bin der Seppel und muss jedes Mal deinen blöden Abfall wegräumen, den du einfach fallen und liegen lässt.«

Räuber: »Ha, das ist mir doch egal.«

Seppel: »Aber mir nicht. Wenn jeder einfach seinen Abfall nur hinwerfen würde, dann würden wir ja bald in einem Abfallhaufen leben.«

Räuber: »Das interessiert mich doch nicht. Ich bin schließlich der Räuber, und ich werfe meinen Müll hin, wo es mir passt.«

Seppel: »Wenn du nicht sofort deinen Abfall wieder aufhebst, dann hole ich den Herrn Wachtmeister.«

Räuber: »Ich hebe hier gar nichts auf. Im Gegenteil. Schau mal. *(Räuber geht hinter die Bühne und kommt mit einer großen Plastiktüte mit Abfall zurück, die er über den Bühnenrand auf die Zuschauerseite ausschüttet.)* Siehst du. Ich habe dir doch gesagt, dass ich meinen Abfall hinwerfe, wo ich will.«

Seppel (ringt sichtlich nach Luft): »Oh, oh, oh, das, das gibt's doch nicht. So eine Unverschämtheit. Ich fasse es nicht. Da fehlen mir ja die Worte. Na warte. Dich kriege ich, und dann bringe ich dich zum Herrn Wachtmeister und der steckt dich ins Gefängnis.«

Räuber: »Dann musst du mich erst einmal kriegen. *(Räuber läuft auf der Bühne hin und her, Seppel verfolgt ihn, dann ist Seppel plötzlich weg.)* Ha, ich hab's doch gleich gesagt, dass der mich nicht kriegt.«

Seppel kehrt mit präparierter Milch-/Safttüte zurück.

Seppel: »Von wegen. Jetzt hab ich dich!«

Seppel stülpt die Milch-/Safttüte dem Räuber über den Kopf.

Räuber: »Hey, was ist denn jetzt los! Wer hat denn das Licht ausgemacht? Es ist ja auf einmal so dunkel.«

Räuber stößt mit der Milch-/Safttüte über dem Kopf überall an, weil er ja nichts sieht.

Seppel: »Ich bringe dich jetzt zum Herrn Wachtmeister.«

Räuber: »Nein, ich will nicht ins Gefängnis! Bitte, bitte, lass mich wieder frei. Ich mach's auch nie wieder. Ab heute werfe ich keinen Müll und Abfall mehr in der Gegend herum. Ehrlich!«

Seppel: »Kinder, was meint ihr? Sollen wir dem Räuber noch eine Chance geben? (...) Versuchen wir's mal, aber Strafe muss sein.«

Räuber: »Was für eine Strafe denn?«

Seppel: »Du musst erst einmal den ganzen Abfall, der hier herumliegt, wieder einsammeln und ab heute sorgst du dafür, dass es hier sauber bleibt.«

Räuber: »Ja, ja, das mache ich alles.«

Seppel: »Gut. Und sei dir sicher, die Kinder und ich überwachen das. Falls du auf dumme Gedanken kommst, sagen wir sofort dem Herrn Wachtmeister Bescheid, dann kommst du doch noch ins Gefängnis.«

Räuber: »Nein, nein, du kannst dich auf mich verlassen, Seppel.«

Seppel: »Gut, dann fangen wir gleich mal mit dem Müllsammeln an. *(Seppel und Räuber kommen vor die Bühne und sammeln den Abfall ein, die Kinder können dabei helfen. Wenn alles wieder ordentlich ist, verabschiedet sich Seppel mit dem Räuber vor der Bühne.)* So, dann ist ja hier wieder alles in bester Ordnung und wir können nach Hause gehen. Liebe Kinder, der Kasperl ist nun zu Ende, und wenn es euch gefallen hat, dann klatscht in die Hände.«

Viele bunte Bälle

Puppen: Kasperl, Seppel

Kulisse: beliebig

Requisiten: 10 bunte Bälle (z. B. aus dem Bällebad), davon muss einer rot sein, eine Tüte/ein Korb oder Eimer für alle Bälle, zwei durchsichtige Behältnisse (z. B. längs aufgeschnittene 1,5-Liter-Plastikflaschen oder Tüten), die für die Kinder gut sichtbar am Theater befestigt werden

Inhalt: Kasperl bekommt eine Tüte mit Bällen von der Großmutter geschenkt, die er mit Seppel teilen soll. Da Seppel unbedingt einen roten Ball haben möchte, bekommt Kasperl alle anderen Bälle. Der letzte Ball ist dann doch noch rot und Seppel bemerkt, dass er nur den einen roten Ball hat und Kasperl viel mehr als er. Kasperl gibt Seppel so lange Bälle ab, bis beide gleich viele Bälle besitzen. Die Kinder sollen dabei mithelfen herauszufinden, wann beide gleich viele Bälle haben.

Anlass: Farben und Mengenverhältnis von »mehr« und »weniger« kennenlernen

Kasperl kommt zwischen dem noch zugezogenen Vorhang hervor.

Kasperl: »Tritratrallala, tritratrallala, der Kasperl, der ist wieder da. Kinder, seid ihr auch alle da? (...) Na, das ist ja wunderbar. So, da will ich doch mal den Vorhang zur Seite schieben, damit ihr besser sehen könnt. *(Kasperl probiert es, aber schafft es nicht, den Vorhang wegzuschieben.)* Oh, geht das aber schwer. Alleine schaffe ich das nicht. Ich glaube ich brauche Hilfe. Aber wer könnte mir denn dabei helfen? Kinder, helft ihr mir, den Vorhang zur Seite zu schieben? (...) Dann sagt einfach ›Hauruck‹. *(Kasperl zieht mit gemeinsamen Haurucks den Vorhang auf.)* Das geht ja ganz leicht mit eurer Hilfe. Vielen Dank, Kinder. Kinder, die Großmutter hat meinem Freund Seppel und mir ganz viele Bälle geschenkt.«

Seppel: »Hallo, Kinder, ich bin der Seppel, und wie heißt ihr? Verratet mir doch mal eure Namen.« *(Kinder nennen ihre Namen und Seppel bewundert diese.)*

Kasperl: »Seppel, ich habe den Kindern gerade erzählt, dass die Großmutter uns ganz viele Bälle geschenkt hat.«

Seppel: »Zeig mir doch mal die Bälle. Die Kinder wollen sie bestimmt auch sehen, oder Kinder?«

Kasperl (zeigt die Tüte mit den Bällen): »Hier sind sie. Eine ganz große Tüte voll.«

Seppel: »Oh, sind das viele. Und die gehören alle uns?«

Kasperl: »Ja, eine Hälfte dir und eine Hälfte mir.«

Seppel: »Dann lass uns die Bälle gleich mal aufteilen.«

Kasperl: »Gut. Das hier ist dein Behälter/deine Tüte und das hier ist meine/r.« *(Kasperl deutet auf die am Theater befestigten Behältnisse.)*

Seppel: »Alles klar. Ich hätte als erstes gerne einen roten Ball.«

Kasperl (hält eine andere Farbe hoch): »So einen?«

Seppel (empört): »Kinder, das ist doch kein roter Ball? Nein! Welche Farbe hat denn der Ball? (...) Genau, der ist ...« *(Farbe des Balls einsetzten.)*

Kasperl: »Dann nehme ich diesen Ball. *(Kasperl lässt den Ball in sein Behältnis fallen und nimmt den nächsten Ball heraus, der auch nicht rot ist.)* So, wie ist es denn mit dem Ball?«

Seppel: »Der ist aber auch nicht rot!«

Kasperl: »Und welche Farbe hat der Ball stattdessen? Kinder wisst ihr das auch?« (...)

Seppel: »Die Kinder kennen sich halt aus.«

Kasperl: »Dann nehme ich diesen Ball auch.«

Das Spielchen wiederholt sich so lange, bis Kasperl einige Bälle in seinem Behältnis hat und Seppel noch gar keinen. Als letzten Ball holt Kasperl einen roten heraus.

Kasperl: »Und wie ist es mit dem?«

Seppel: »Kinder, endlich. Ein roter Ball. Der gehört jetzt aber mir.«

Kasperl: »Gut, dann bekommst du ihn.«

Kasperl wirft den Ball in Seppels Behältnis. Seppel guckt sich die Behältnisse an.

Seppel: »Du, Kasperl.«

Kasperl: »Was gibt es denn jetzt schon wieder, Seppel?«

Seppel: »Du hast aber viel mehr Bälle als ich.«

Kasperl: »Kinder, stimmt das? (...) *(Kasperl schaut sich ebenfalls die Behältnisse an.)* Oh, ja. Ich glaube, ihr habt recht. Was machen wir denn nun?«

Seppel: »Ganz einfach. Dann müssen wir von dir ein paar Bälle wegnehmen und bei mir müssen ein paar Bälle hinein.«

Kasperl: »Kinder, sollen wir das so machen? (...) Also gut, dann hole ich mal einen Ball bei mir heraus und werfe ihn in Seppels Behälter.«

Kasperl nimmt einen Ball aus seinem Behältnis und legt ihn in Seppels. Dann schauen sich die beiden das Ergebnis (2 Bälle für Seppel und 8 für Kasperl) erneut an.

Seppel: »Du, Kasperl. Du hast ja immer noch viel mehr Bälle als ich.«

Kasperl: »Hm, stimmt genau.«

Seppel: »Ich glaube, da müssen noch ein paar Bälle von dir zu mir wandern.«

Kasperl: »Kinder, dazu brauchen wir eure Hilfe. Ich nehme jetzt so lange Bälle von mir weg und gebe sie dem Seppel, bis beide Behälter gleich voll sind. Ihr sagt dann Stopp, wenn es so weit ist.«

Seppel: »Dann fang mal damit an, Kasperl.«

Kasperl: »So, noch einen Ball aus meinem Behälter in deinen Behälter. *(Kasperl nimmt einen Ball aus seinem Behältnis und gibt ihn in Seppels, es steht nun 3:7.)* Kinder, sind in jedem Behälter schon gleich viele Bälle?« (...)

Seppel: »Der Kasperl hat ja immer noch mehr Bälle als ich. Kasperl, aus deinem Behälter muss noch etwas mehr raus.«

Kasperl: »Na gut. So, ein Ball aus meinem in deinen Behälter.«

Kasperl nimmt einen Ball aus seinem Behältnis und gibt ihn in Seppels, es steht 4:6.

Seppel: »Was mein ihr, Kinder. Sind jetzt gleich viele Bälle in jedem Behälter?« (...)

Kasperl: »Lass sie uns doch mal zählen. Kinder, kann von euch schon jemand bis Fünf zählen? (...) Wir können ja gemeinsam zählen. Zuerst einmal Seppels Bälle. Das sind eins, zwei, drei, vier Bälle. Und in meinem Behälter sind eins, zwei, drei, vier, fünf, sechs Bälle drinnen.«

Seppel: »Und wer hat jetzt mehr Bälle? Du oder ich?«

Kasperl: »Kinder, wisst ihr es? (...) Ich habe noch mehr Bälle. Also bekommst du noch einen von mir und dann zählen wir erneut.«

Kasperl nimmt einen Ball aus seinem Behältnis und legt ihn in Seppels, es steht nun 5:5.

Seppel: »Gut. Jetzt kannst du ja wieder zählen.«

Kasperl: »Lasst uns wieder mit Seppels Bällen beginnen. Dort sind es eins, zwei, drei, vier, fünf Bälle. Und ich habe eins, zwei, drei, vier, fünf Bälle.«

Seppel: »Kinder, leider kann ich noch nicht zählen, aber die Behälter sehen doch gleich voll aus, oder? (...) Gut, dann will ich mal zufrieden sein und nehme meine Bälle mit. Auf Wiedersehen, Kinder.«

Kasperl: »Warte, Seppel, ich gehe mit dir. Liebe Kinder, dann ist der Kasperl jetzt zu Ende, und wenn es euch gefallen hat, dann klatscht in die Hände.«

Die Käsfußhexe

Puppen:	Kasperl, Seppel, Hexe
Kulisse:	Stadt, Wald oder Garten
Requisiten:	kleiner Eimer
Inhalt:	Die Käsfußhexe macht ihrem Namen alle Ehre, denn sie liebt ihre stinkigen Füße. Kasperl ist der Geruch zu viel, und er beschließt, der Hexe die Füße zu waschen. Auch Seppel ist überzeugt, dass er sich in Zukunft besser die Füße wäscht, denn solche Käsefüße möchte er nun doch nicht bekommen.
Anlass:	Füße waschen

Kasperl kommt zwischen dem noch zugezogenen Vorhang hervor.

Kasperl: »Tritratrallala, tritratrallala, der Kasperl, der ist wieder da. Kinder, seid ihr auch alle da? (...) Na, das ist ja wunderbar. So, da will ich doch mal den Vorhang zur Seite schieben, damit ihr besser sehen könnt. *(Kasperl probiert es, aber schafft es nicht, den Vorhang wegzuschieben.)* Oh, geht das aber schwer. Alleine schaffe ich das nicht. Ich glaube ich brauche Hilfe. Aber wer könnte mir denn dabei helfen? Kinder, helft ihr mir, den Vorhang zur Seite zu schieben? (...) Dann sagt einfach ›Hauruck‹. *(Kasperl zieht mit gemeinsamen Haurucks den Vorhang auf.)* Danke für eure Hilfe, Kinder.
Puh, jetzt muss ich aber erst einmal verschnaufen.«

Seppel: »Hallo, Kasperl. Warum hockst du denn so faul hier herum?«

Kasperl: »Ich bin gar nicht faul. Ich ruhe mich nur ein wenig aus.«

Seppel: »Stimmt das, Kinder? (...) Ah ja!«

Kasperl: »So, jetzt habe ich mich genug ausgeruht. Hast du vielleicht Lust zum Spielen, Seppel?«

Seppel: »Aber klar! Spielen ist immer gut, nicht wahr Kinder?« (...)

Kasperl: »Hast du auch eine Idee, was wir spielen könnten?«

Seppel: »Mir fällt nichts ein. Kinder habt ihr eine Idee, was der Kasperl und ich spielen könnten?« *(Eine Idee der Kinder aufgreifen.)*

Kasperl: »Ja, die Idee ist gut.«

Seppel: »Ach nein, das haben wir doch erst gestern gespielt. Habt ihr noch andere Ideen?« *(Eine Idee der Kinder aufgreifen.)*

Kasperl: »Klasse Idee. Da hätte ich richtig Lust dazu.«

Seppel: »Ach nein, das haben wir doch auch schon gespielt.«

Kasperl: »Dann lass uns doch einfach Ball spielen. Das ist immer gut.«

Seppel: »Nein, das möchte ich nicht. Da muss ich mich ja bewegen. Dazu bin ich viel zu müde.«

Kasperl: »Kinder, der Seppel ist vielleicht ein Langweiler.«

Seppel: »Bin ich gar nicht!«

Kasperl: »Bist du doch!«

Seppel: »Bin ich gar nicht!«

Kasperl: »Bist du doch!«

Das geht noch eine Weile so hin und her.

Hexe (aus dem Hintergrund): »Was ist denn hier los? Hat man denn nirgends seine Ruhe?«

Seppel (erschrocken): »Oh, Kasperl, ich glaube, das ist die Käsefußhexe.«

Kasperl: »Die Käsefußhexe? Wer soll denn das sein?«

Seppel: »Die Käsefußhexe halt.«

Kasperl: »Kinder, habt ihr schon mal etwas von einer Käsefußhexe gehört? (...) Also, was eine Hexe ist, das weiß ich und Käsefüße kenne ich. Der Seppel hat nämlich immer welche.«

Seppel: »Das stimmt. Meine Füße riechen ab und zu nach Käse, weil ich sie nicht regelmäßig wasche. Die Kinder haben bestimmt auch Käsefüße.«

Kasperl: »Das glaube ich nicht.«

Seppel: »Dann frag doch die Kinder.«

Kasperl: »Kinder, habt ihr auch Käsefüße?«

Hier kann man improvisieren, je nach Antworten der Kinder, z. B. »Siehst du, Seppel, die Kinder waschen ihre Füße« oder »Ab und zu kann ja jeder mal Käsefüße bekommen, dann wäscht man sie halt wieder«.

Seppel: »Oh, die Hexe kommt näher. Ich kann ihre Käsefüße schon riechen. Nix wie weg hier!« *(geht ab)*

Kasperl: »Der Seppel übertreibt bestimmt. Die Käsefußhexe muss ich mir ansehen. Am besten warte ich hier auf sie. Wollt ihr mit mir auf die Käsefußhexe warten? (...) Gut.«

Hexe tritt auf.

Hexe: »Ach, was riechen meine Füße wieder mal so gut nach Stinkerkäse. Ich liebe diesen Gestank.«

Kasperl: »Die Hexenfüße kann man ja schon von weitem riechen. Puh, Kinder, die stinken aber wirklich ganz gewaltig.«

Hexe: »Gell, meine Füße riechen gut?«

Kasperl: »Ich finde, sie könnten ihre stinkigen Füße einmal waschen.«

Hexe: »Niemals. Dann stinken sie doch gar nicht mehr.«

Kasperl: »Ja, eben. Das ist ja auch der Sinn vom Füßewaschen.«

Hexe: »Ich liebe aber meine stinkigen Füße. Deshalb nennt man mich ja auch die Käsfußhexe. Wenn du möchtest, könnte ich dir einen alten Socken von mir schenken. Den könntest du dir dann unter dein Kopfkissen legen und wunderbar darauf schlafen.«

Kasperl: »Igitt. Da würde ich ja sofort in Ohnmacht fallen. Ihhh, Kinder, könnt ihr euch so etwas vorstellen?« (...)

Hexe: »Ach, Kinder, der Kasperl weiß ja nicht, was gut ist. Kinder, würdet ihr mir einen Gefallen tun? Zieht doch mal eure Schuhe aus und riecht an euren Füßen. *(Hexe wartet, bis die Kinder das getan haben.)* Ich kann eure Füße gar nicht bis hierher riechen. Sagt mal, wascht ihr eure Füße vielleicht ab und zu? (...) Das erklärt vieles. Dann können die auch nicht so schön stinken wie meine.«

Kasperl: »Kinder, das ist ganz gut, dass ihr eure Füße wascht, denn mir ist schon ganz schlecht von dem Gestank, der von den Hexenfüßen kommt. Ich glaube, wir müssen der Hexe gründlich die Füße waschen. Ich hole mal einen Eimer Wasser.« *(geht ab)*

Hexe (empört): »Was hat der Kasperl eben gesagt? Der will mir meine Füße waschen? Dann stinken die aber nicht mehr.«

Kasperl (mit Eimer): »So, da bin ich wieder. Jetzt kann's mit dem Füßewaschen losgehen.«

Hexe: »Igitt, Wasser! Hilfe, da werden ja meine Füße sauber!«

Kasperl rennt Hexe mit dem Wassereimer hinterher.

Kasperl: »Der Gestank muss weg.«

Hexe: »Nein, der Gestank muss bleiben. Ich liebe meine Stinkefüße.«

Kasperl: »Das ist ja eklig.«

Hexe: »Nichts wie weg hier. Kinder, ich würde ja gerne noch bleiben und mich mit euch über Stinkefüße unterhalten, aber ich muss unbedingt meine Käsfüße vor Kasperls Wassereimer retten. Also dann, ich bringe mich in Sicherheit. Tschüssi!« *(geht ab)*

Seppel tritt auf.

Kasperl: »Na, das hat ja wohl nicht geklappt.«

Seppel: »Hallo, Kasperl, hallo, Kinder, da bin ich wieder. Puh, wie riecht's denn hier? Kasperl, hast du ein paar Stinkbomben geschmissen?«

Kasperl: »Das ist noch der restliche Gestank von der Käsfußhexe, und wenn du nicht anfängst, deine Füße ordentlich zu waschen, dann stinkst du bald genauso.«

Seppel: »Was? Das wäre ja fürchterlich. So arg will ich dann doch nicht riechen. Kasperl, ab heute wasche ich meine Füße regelmäßig und gründlich. Ich versprech's.«

Kasperl: »Dann lass uns gleich mal damit beginnen. Kinder, der Seppel und ich gehen jetzt nach Hause, weil der Seppel doch noch seine Füße waschen möchte. Macht's gut und bis zum nächsten Mal, ihr Lieben. Denn der Kasperl ist nun zu Ende, und wenn es euch gefallen hat, dann klatscht in die Hände.«

Kasperl und das Krokodil

Puppen:	Kasperl, Krokodil, Wachtmeister
Kulisse:	Stadt
Requisiten:	keine
Inhalt:	Kasperl trifft auf ein Krokodil und versucht es in verschiedenen Tiersprachen anzusprechen, wobei die Kinder ihm helfen (bellen, miauen etc.) Das Krokodil klärt ihn schließlich auf, dass es ein Krokodil ist, wo es herkommt und dass es sich in der Stadt verlaufen hat. Schließlich wird es vom Wachtmeister wieder in den Zoo zurückgebracht.
Anlass:	Tierlaute

Kasperl kommt zwischen dem noch zugezogenen Vorhang hervor.

Kasperl: »Tritratrallala, tritratrallala, der Kasperl, der ist wieder da. Kinder, seid ihr auch alle da? (...) Na, das ist ja wunderbar. So, da will ich doch mal den Vorhang zur Seite schieben, damit ihr besser sehen könnt. *(Kasperl probiert es, aber schafft es nicht, den Vorhang wegzuschieben.)* Oh, geht das aber schwer. Alleine schaffe ich das nicht. Ich glaube ich brauche

Hilfe. Aber wer könnte mir denn dabei helfen? Kinder, helft ihr mir, den Vorhang zur Seite zu schieben? (...) Dann sagt einfach ›Hauruck‹. *(Kasperl zieht mit gemeinsamen Haurucks den Vorhang auf.)* Danke für eure Hilfe, Kinder.«

Krokodil erscheint auf der Bühne und schaut in die Menge.

Kasperl (zum Krokodil): »Huch, wer bist denn du? *(an Kinder gewandt)* Oh, Kinder, ich glaube, der versteht mich nicht. Vielleicht probieren wir es mal in der Hundesprache. Wir bellen alle mal, vielleicht antwortet uns das komische Tier. *(Kasperl und Kinder bellen, Krokodil schüttelt den Kopf.)* Hm, ich glaube, bellen kann dieses Tier nicht. Vielleicht müssen wir mit ihm in der Katzensprache sprechen? Wer weiß, wie eine Katze macht? (...) Ja, dann lasst uns doch mal miauen. *(Kasperl und Kinder miauen, Krokodil schüttelt den Kopf.)* Kinder, das wird schwer. Vielleicht ist es ja ein Vogel. Wie machen die Vögel? (...) Piepst mal alle ganz laut. *(Kasperl und Kinder piepsen, Krokodil schüttelt den Kopf.)* Kennt ihr noch mehr Tiergeräusche? *(An dieser Stelle kann man mit den Kindern improvisieren und verschiedene Tiergeräusche ausprobieren, z. B. Esel, Hühner, Hahn, Kuh, Schaf, Löwe etc.)* Kinder, ich glaube, der ist ein bisschen doof. *(Krokodil zwickt Kasperl in den Allerwertesten.)* Aua. Was soll das?«

Krokodil: »Ich bin nicht doof.«

Kasperl: »Du kannst ja doch sprechen!«

Krokodil: »Natürlich kann ich sprechen.«

Kasperl: »Warum hast du das nicht gleich gesagt?«

Krokodil: »Weil es so viel Spaß gemacht hat, euch raten zu sehen.«

Kasperl: »Kinder, das ist vielleicht ein Frechdachs. *(Krokodil zwickt Kasperl wieder in den Allerwertesten.)* Aua! Warum zwickst du mich den schon wieder?«

Krokodil: »Weil ich kein Frechdachs bin, sondern ein Krokodil!«

Kasperl: »Ein was? Ein Krikidil?«

Krokodil: »Nein, ein Krokodil!«

Kasperl: »Ah so, ein Krakadal!«

Krokodil: »Nein! Ein Kroookoooodiiiiil!«

Kasperl: »Also gut, dann halt ein
Kroookoooodooool. *(Krokodil
zwickt Kasperl in den Allerwertesten.)* Aua! Für was
war das denn?«

Krokodil: »Das war dafür,
dass du meinen
Namen nicht richtig
aussprichst.«

Kasperl: »Kinder, bitte helft
mir doch mit dem
Namen. Habt ihr euch
gemerkt, wie das Tier
heißt? Gut, dann sagen
wir es jetzt gemeinsam.
Kroookoooodiiiil. Wunderbar,
es hat geklappt. Danke für
eure Hilfe.«

Krokodil: »Ja, das klang eben gut.
Die Kinder sind halt
doch schlau.«

Kasperl: »Ich weiß, dass das schlaue Kinder sind. Aber sagt mal, Kinder, ein Krokodil lebt doch nicht mitten in der trockenen Stadt. Oder habt ihr auf dem Weg zum Kindergarten schon mal ein Krokodil getroffen? (...) Nein, dachte ich mir's doch. Außerdem brauchen Krokodile doch auch Wasser.«

Krokodil: »Das ist ja das Problem. Ich habe mich verlaufen.«

Kasperl: »Wie ist denn das passiert?«

Krokodil: »Die Tür von meinem Gehege war offen, da habe ich mir gedacht, dass ich mal einen kleinen Spaziergang machen könnte, und dabei habe ich mich dann verlaufen.«

Kasperl: »Aha! Dann verrate uns mal, wo du wohnst.«

Krokodil: »Ich wohne im Zoo.«

Kasperl: »Ach so, im Zoo.«

Krokodil: »Vielleicht hat mich ja schon mal ein Kind im Zoo gesehen?«

Kasperl: »Kinder, stimmt das? Hat jemand von euch schon mal ein Krokodil im Zoo gesehen?« (...)

Krokodil: »Ich möchte so gerne wieder in den Zoo zurück.«

Kasperl: »Gut, dann hole ich mal den Herrn Wachtmeister. Die Polizei weiß ja immer weiter. *(Krokodil zwickt Kasperl in den Allerwertesten.)* Du zwickst mich ja schon wieder!«

Krokodil: »Ja, damit du dich beeilst.«

Kasperl: »Also so etwas. Ich gehe ja schon.«

Kasperl geht ab, der Wachtmeister tritt auf.

Wachtmeister: »Guten Tag, Kinder. Ich bin der Herr Wachtmeister. Hier soll irgendwo ein Krokodil sein. Wo ist es denn nur? (...) Ah, ja, da ist es ja. Gut, dass ich dich gefunden habe. Du wirst bereits im Zoo vermisst.«

Krokodil: »Dann gehen wir am besten ganz schnell in den Zoo zurück.«

Wachtmeister: »Ja, das machen wir. Auf Wiedersehen, Kinder. Ich bringe das Krokodil wieder in seinen Zoo.«

Krokodil: »Tschüss, Kinder. Es war schön mit euch, aber ich freue mich jetzt auch wieder auf den Zoo.«

Wachtmeister und Krokodil gehen ab, Kasperl tritt auf.

Kasperl: »Das Krokodil ist ja fort! Kinder, wo ist denn das Krokodil hin? (...) In den Zoo zurück? Na, das ist ja wunderbar. Dort geht es ihm auch besser als hier *(in der Stadt/ im Dorf)*. Liebe Kinder, damit ist der Kasperl jetzt zu Ende, und wenn es euch gefallen hat, dann klatscht in die Hände.«

Der Stern, der Weihnachten feiern wollte

Puppen:	Kasperl, kleiner Stern , großer Stern
Kulisse:	Weihnachtskulisse mit Krippe oder Stoffvorhang, an den ein Weihnachtsbaum und eine Krippe aus Pappe befestigt sind oder Pappkulisse, auf die alles aufgemalt ist.
Requisiten:	keine
Inhalt:	Kasperl freut sich auf Weihnachten. Ein kleiner Stern, der sich nichts sehnlicher wünscht als einmal auf der Erde Weihnachten als Weihnachtsstern über der Krippe zu feiern, fällt direkt in das festlich geschmückte Haus von Kasperl und erfährt dort die Erfüllung seines Wunsches.
Basteltipps:	Zwei Sterne: lassen sich leicht aus Pappe zuschneiden und an einen Stab befestigen
Anlass:	Advents-/Weihnachtszeit

Kasperl kommt zwischen dem noch zugezogenen Vorhang hervor.

Kasperl: »Tritratrallala, tritratrallala, der Kasperl, der ist wieder da. Kinder, seid ihr auch alle da? (…) Na, das ist ja wunderbar. So, da will ich doch mal den Vorhang zur Seite schieben, damit ihr besser sehen könnt. *(Kasperl probiert es, aber schafft es nicht, den Vorhang wegzuschieben.)* Oh, geht das aber schwer. Alleine schaffe ich das nicht. Ich glaube ich

brauche Hilfe. Aber wer könnte mir denn dabei helfen? Kinder, helft ihr mir, den Vorhang zur Seite zu schieben? (…) Dann sagt einfach ›Hauruck‹. *(Kasperl zieht mit gemeinsamen Haurucks den Vorhang auf.)* Danke für eure Hilfe, Kinder.

Kinder, bald ist Weihnachten. Freut ihr euch darauf? (…) An Weihnachten gibt's ja auch Geschenke. Habt ihr euren Wunschzettel schon geschrieben? (…) Was wünscht ihr euch denn? (…) Am schönsten finde ich ja, wenn alles so schön geschmückt ist, der Weihnachtsbaum steht und die Krippe aufgestellt ist. Kinder, vom vielen Erzählen habe ich etwas Hunger bekommen. Ich glaube, ich schaue mal, ob die Großmutter ein paar Plätzchen gebacken hat.« *(geht ab)*

Zwei Sterne erscheinen am oberen Bühnenrand. (Wenn die Bühne klein ist, können die Sterne auch über dem Theater spielen, während die Kulisse unten sichtbar bleibt.)

kleiner Stern (klingt sehnsüchtig): »Ach, bald ist Weihnachten.«

großer Stern (genervt): »Jetzt fängst du schon wieder damit an.«

kleiner Stern: »Aber es ist doch soooo schöööön.«

großer Stern: »Was ist so schön?«

kleiner Stern: »Weihnachten.«

großer Stern: »Immer, wenn auf der Erde Weihnachten gefeiert wird, fängst du an, nur noch von Weihnachten zu reden.«

kleiner Stern: »Ja, weil ich doch so gerne einmal an Weihnachten auf der Erde wäre.«

großer Stern: »Du bist ein Stern. Du kannst nicht auf die Erde.«

kleiner Stern: »Aber ich würde es soooo gerne einmal.«

großer Stern: »Was würdest du denn auf der Erde machen?«

kleiner Stern: »Ich würde über dem Stall von Bethlehem leuchten.«

großer Stern: »Aber das Christuskind wurde doch schon vor ganz langer Zeit geboren. Du kannst nicht mehr über dem Stall von Bethlehem leuchten.«

kleiner Stern: »Aber an Weihnachten gibt es ganz viele Ställe von Bethlehem.«

großer Stern: »Wie meinst du das?«

kleiner Stern: »In ganz vielen Familien wird zum Weihnachtsbaum auch eine Krippe aufgestellt. Dort ist dann überall der Stall von Bethlehem.«

großer Stern: »Trotzdem geht es nicht. Wie willst du denn überhaupt auf die Erde kommen?«

kleiner Stern: »Ich könnte mich einfach fallen lassen.«

großer Stern: »Du spinnst ja. Dann liegst du irgendwo auf der Erde herum und niemand sieht dich.«

kleiner Stern: »Vielleicht findet mich aber auch jemand und nimmt mich mit. Der Kasperl würde mich bestimmt mitnehmen.«

großer Stern: »Ach, mach doch, was du willst.« *(geht ab)*

kleiner Stern (zögerlich): »Ich könnte mich fallen lassen ... Soll ich? Ich könnte es einfach tun ... Kinder, wenn ich mich auf die Erde fallen lasse, würdet ihr dann dem Kasperl sagen, dass ich hier bin? (...) Gut, dann lasse ich mich jetzt fallen.«

Stern lässt sich fallen, liegt also auf dem Bühnenboden, Kasperl betritt die Bühne.

Kasperl: »Was war das denn für ein Geräusch? *(Wahrscheinlich erzählen die Kinder vom Stern, falls nicht, kann Kasperl ihn selbst entdecken.)* Da liegt ja tatsächlich ein Stern. Ob das wirklich ein echter Stern ist? *(zum Stern)* Hey, wer bist denn du?«

kleiner Stern: »Ich bin ein Stern.«

Kasperl: »Sozusagen ein Weihnachtsstern.«

kleiner Stern: »Das klingt soooo schööön. Ich wäre ja nur zu gerne ein Weihnachtsstern.«

Kasperl: »Was würdest du denn machen, wenn du ein Weihnachtsstern wärst?«

kleiner Stern: »Ich würde über einer Krippe leuchten.«

Kasperl: »Wir haben eine Krippe. Aber uns fehlt noch der Weihnachtsstern. Möchtest du der Weihnachtsstern für uns sein?«

kleiner Stern: »Ja, sehr gerne. Das ist mein größter Wunsch.«

Kasperl: »Dann sei herzlich willkommen, mit uns dieses Jahr Weihnachten zu feiern.«

kleiner Stern: »Danke, das mache ich sehr gerne.«

Kasperl: »Schau, hier ist sie.«

kleiner Stern: »Oh, ist die aber schön. Und ich darf wirklich darüber leuchten?«

Kasperl: »Klar doch.«

kleiner Stern (über der Krippe): »Wie gefalle ich euch über der Krippe, Kinder?«
  (...)

Kasperl: »Du siehst wirklich sehr gut aus. So einen schönen Weihnachtsstern hatten wir noch nie. Jetzt können wir ein wunderschönes Weihnachtsfest feiern und euch Kindern frohe Weihnachten wünschen, denn der Kasperl ist nun zu Ende, und wenn es euch gefallen hat, dann klatscht in die Hände.«

Seppel und seine Süßigkeiten

Puppen:	Kasperl, Seppel
Kulisse:	Küche
Requisiten:	kleines Spielzeugauto, Sandschaufel, Tüte Chips (evtl. eine Auswahl gesunder Lebensmittel, je nachdem was gerade zur Hand ist)
Inhalt:	Seppel hat die Erlaubnis von der Großmutter, etwas Gesundes zu kochen. Als er die Zutaten für sein »gesundes« Essen bringt, bestehen diese aus Spielzeugauto, Sandschaufel, Chips und Gummibärchen. Kasperl erklärt Seppel, dass sich daraus kein Essen kochen lässt. Seppel hat die Lust am Kochen verloren und will ab sofort nur noch Süßigkeiten essen, da er nicht glauben möchte, dass diese ungesund sind, bis ihm schlecht wird. Kasperl klärt Seppel mit Hilfe der Kinder über gesundes Essen auf.
Anlass:	gesundes Essen

Kasperl kommt zwischen dem noch zugezogenen Vorhang hervor.

Kasperl: »Tritratrallala, tritratrallala, der Kasperl, der ist wieder da. Kinder, seid ihr auch alle da? (...) Na, das ist ja wunderbar. So, da will ich doch mal

den Vorhang zur Seite schieben, damit ihr besser sehen könnt. *(Kasperl probiert es, aber schafft es nicht, den Vorhang wegzuschieben.)* Oh, geht das aber schwer. Alleine schaffe ich das nicht. Ich glaube ich brauche Hilfe. Aber wer könnte mir denn dabei helfen? Kinder, helft ihr mir, den Vorhang zur Seite zu schieben? (...) Dann sagt einfach ›Hauruck‹. *(Kasperl zieht mit gemeinsamen Haurucks den Vorhang auf.)* Das geht ja ganz leicht mit eurer Hilfe. Vielen Dank, Kinder.«

Seppel: »Hallo, Kasperl.«

Seppel rennt auf der Bühne hin und her.

Kasperl: »Hallo, Seppel. *(Pause)* Seppel, warum begrüßt du denn nicht die Kinder?«

Seppel: »Ei, weil hier keine Kinder sind.«

Kasperl: »Natürlich sind hier Kinder.«

Seppel: »Wo denn?«

Kasperl: »Da unten sitzen sie. Direkt vor deiner Nase.«

Seppel: »Du meinst diese kleinen Gummibälle?«

Kasperl: »Das sind doch keine Gummibälle. Das sind Kinder.«

Seppel: »Stimmt ja gar nicht. Das sind Salatköpfe.«

Kasperl: »Kinder, seid ihr Salatköpfe? (...) Nein, seid ihr nicht?«

Seppel: »Dann sind das bestimmt verkleidete Karotten.«

Kasperl: »Also wirklich, Seppel. Das sind keine verkleideten Karotten, sondern echte Kinder.«

Seppel: »Von mir aus auch verkleidete Gurken.«

Kasperl: »Das sind KINDER, Seppel, KINDER.«

Seppel: »Weiß ich doch.«

Kasperl: »Und warum machst du dann so ein Theater?«

Seppel: »Weil ich dich ein bisschen ärgern wollte.«

Kasperl: »Der Seppel mal wieder.«

Seppel: »Aber Kasper, ich muss dir noch etwas verraten.«

Kasperl: »So? Was denn?«

Seppel: »Die Großmutter hat mir erlaubt, heute etwas zu kochen.«

Kasperl: »Das ist ja klasse. Dann fang gleich damit an. Ich bin nämlich ziemlich hungrig.«

Seppel: »Ich war auch schon einkaufen.«

Kasperl: »Dann lass mal sehen, was du alles gekauft hast.«

Seppel: »Hier, schau mal.« *(Seppel holt ein Spielzeugauto hervor.)*

Kasperl: »Ein Spielzeugauto! Das kann man doch nicht essen, oder Kinder?« (...)

Seppel: »Und wie sieht's damit aus?« *(Seppel holt eine Sandschaufel hervor.)*

Kasperl: »Kinder, esst ihr vielleicht Sandschaufeln? (...) Nein, dachte ich mir's doch.«

Seppel: »Sandschaufeln kann man nicht essen? Dann koche ich eben eine Gummibärchensuppe!«

Kasperl: »Gummibärchensuppe! So etwas gibt es doch gar nicht.«

Seppel: »Kinder, ist das wahr, dass es keine Gummibärchensuppe gibt? (...) Dann esse ich die Gummibärchen eben gleich aus der Tüte. Ich laufe gleich mal los und besorge mir welche.« *(geht ab)*

Kasperl: »Der Seppel bleibt aber lange weg. Wo der sich nur herumtreibt?«

Seppel: »So, da bin ich wieder. Die Gummibärchen habe ich schon gegessen, aber ich habe noch super-gesunde Chips.«

Kasperl: »Seppel! Chips sind doch nicht super-gesund.«

Seppel: »Du hast ja an allem etwas zu meckern, du alte Meckerliese.«

Kasperl: »Ich bin gar keine Meckerliese.«

Seppel: »Ich glaube, ich lasse das Kochen ganz sein. Das ist mir sowieso viel zu viel Arbeit. Ab sofort esse ich einfach morgens, mittags und abends nur noch Süßigkeiten.«

Kasperl: »Kinder, esst ihr morgens, mittags und abends auch nur Süßigkeiten? (...) Siehst du, Seppel. Das mit den Süßigkeiten ist keine gute Idee, außerdem ist das ziemlich ungesund.«

Seppel: »Ach was soll's! So ungesund können die Süßigkeiten gar nicht sein. Ich habe schon mindestens zwei Wochen nur Süßigkeiten gegessen und es ist nichts passiert. Ich gehe gleich los und kaufe mir noch Nachschub.« *(geht ab)*

Kasperl: »So ein sturer Seppel aber auch.«

Seppel kommt stöhnend auf die Bühne.

Kasperl: »Was ist denn mit dir los, Seppel?«

Seppel: »Mir geht's gar nicht gut.«

Kasperl: »Ja, das sehe ich. Ich weiß auch warum es dir schlecht geht. Du hast zu viele Süßigkeiten in dich hineingestopft.«

Seppel: »Aber die haben mich doch trotzdem satt gemacht.«

Kasperl: »Das ist es ja. Kinder, der Seppel hat sich mit Süßigkeiten satt gegessen. Sein Bauch war also gefüllt mit Gummibärchen, Schokolade, Keksen und anderen Süßigkeiten. Da hatte gesundes Essen gar keinen Platz mehr im Bauch, und es ist ganz wichtig, dass man genügend gesunde Nahrung isst, damit es einem gut geht.«

Seppel: »Und was ist gesunde Nahrung, Herr Kasperl Oberschlau?«

Kasperl: »Dazu gehören z. B. Gemüse, Obst und Brot; auch Joghurt, Käse, Fisch und Fleisch. Nudeln kannst du essen und Reis, aber doch nicht nur Süßkram.« *(Hier können auch vorhandene Lebensmittel gezeigt werden.)*

Seppel: »Und was soll ich jetzt machen?«

Kasperl: »Du gehst jetzt zur Großmutter und ruhst dich ein wenig aus. Die Großmutter kocht dir bestimmt einen Tee für deine Bauchschmerzen. Und wenn du wieder Hunger bekommst, dann isst du das, was die Großmutter dir gibt.«

Seppel: »Darf ich jetzt nieeeee wieder Süßigkeiten essen?«

Kasperl: »So ein Quatsch! Natürlich darfst du Süßigkeiten essen, nur nicht so viele. Du wirst sehen, das Essen von der Großmutter schmeckt sehr gut. Sie kocht immer frische Sachen und als Nachtisch kannst du ja eine Kleinigkeit naschen.«

Seppel: »Kinder, esst ihr auch gesunde Sachen? (...) Esst ihr vielleicht auch ab und zu einen Apfel? (...) Und Bananen? Habt ihr auch schon einmal Joghurt gegessen? (...) Na, wenn ihr das esst, dann muss ich das auch mal probieren.«

Kasperl: »Aber sicher, Seppel. Du wirst sehen, dir geht es bald wieder gut und außerdem wirst du dich viel gesünder und stärker fühlen.«

Seppel: »Also gut, abgemacht. Ab heute esse ich nicht mehr so viele Süßigkeiten, dafür mehr gesundes Essen.«

Kasperl: »Tja, liebe Kinder, da habt ihr den Seppel ja überzeugt, und ich kann mit dem Seppel nach Hause zur Großmutter gehen, denn der Kasperl ist jetzt zu Ende, und wenn es euch gefallen hat, dann klatscht in die Hände.«